AVENIDA PAULISTA

João Pereira Coutinho

AVENIDA PAULISTA

EDITORA RECORD
RIO DE JANEIRO • SÃO PAULO
2009

CIP-Brasil. Catalogação-na-fonte
Sindicato Nacional dos Editores de Livros, RJ.

C895a   Coutinho, João Pereira
         Avenida Paulista / João Pereira Coutinho. –
         Rio de Janeiro: Record, 2009.

         ISBN 978-85-01-08444-6

         1. Crônica portuguesa. I. Título.

                        CDD – 869.98
08-5394   CDU – 821.134.3(81)-8

Copyright © João Pereira Coutinho, 2009

A editora optou por manter a ortografia do português de Portugal.

Direitos desta edição reservados pela
EDITORA RECORD LTDA.
Rua Argentina 171 – Rio de Janeiro, RJ – 20921-380 – Tel.: 2585-2000

Impresso no Brasil

ISBN 978-85-01-08444-6

PEDIDOS PELO REEMBOLSO POSTAL
Caixa Postal 23.052
Rio de Janeiro, RJ – 20922-970

EDITORA AFILIADA

*Para os amigos.
De ambas as margens.*

SUMÁRIO

Afinações   11

I. SAMBAS

Essas mulheres	15
A bola é quadrada	18
Errata	22
O sexo do futebol	24
Arte de roubar	27
God Save the King	32
Sebald, Naipaul, Camus	39
O casamento segundo Sondheim	43
A arte de bem degolar	46
Shakespeare, Dickens, Wodehouse	49
Como Jane Austen pode mudar a sua vida	53
Para acabar de vez com o jornalismo	58

A dúvida conservadora	62
Conversas	65
A minha vingança	67
Maria Schneider salvou Portugal	70
Ouriços e raposas	73
Morrer na praia	77
As ansiedades de Alain de Botton	80
A eternidade e um dia	84
Mulheres, crianças e fantasmas	87
Meu amigo Woody	90
As manhãs de Filadélfia	96
Gore Vidal aos 80	101
Agora e na hora da nossa morte	104
Anna Akhmatova	107
A dupla morte de Stefan Zweig	110
O destino de Petr Ginz	114
Um génio sem idade	123
Carta a um jovem esteta	127
Transportar com cuidado	131
Cronistas	134

II. CHORINHOS

As antielites do Brasil	141
Engana-me que eu gosto	146
Relógio é ofensa	149
Caros senhores terroristas	152
Santa loucura	156

Santo Saddam	159
Combates de boxe	162
A arte dos adolescentes	166
Terapia sueca	169
Sem pés nem cabeça	172
Não existem homossexuais	176
A fé dos ateus	179
Planeta dos macacos	183
Macacos espanhóis	186
Fora do prazo	188
Frango assado	191
Homens e vacas	195
Senhora Liberdade	198
O americano intranquilo	201
Beckett em Paris	204
A bailarina fascista	207
Roma e Pavia	211
A guerra acabou	214
A orgia da dor	218
Tudo é ressentimento	221
Cuidado com os virtuosos	224
O dia em que Saddam derrotou Cicarelli	228
O direito à infelicidade	231
O inferno são os outros	234
Mortos-vivos	238
O livro dos mortos	244
Fim da linha	247

As boas noites de Brecht 251
O ódio de Canetti 256
O dia em que tudo vai acabar 260
A conquista da noite 263
Milagres 266
Eu, a cadela e a criada 268

ENCORE

Teremos sempre S. Paulo 273

AFINAÇÕES

A prosa que se segue foi publicada na *Folha de S. Paulo* entre 2005 e 2008. Falo da edição impressa (FSP) e da edição on-line (FOL). É uma escolha, limitada e pessoal, cujos critérios me escapam. Ou não. Reli o que escrevi, gostei do que reli. Arrumei tudo em duas metades, que facilmente se resumem a entusiasmos e depressões. Salada farta e colorida, que faria as delícias de Carmen Miranda. Temos política e literatura, cronistas e artistas. Viagens, malandragens. E algumas declarações de amor. Se pedirem muito, ainda há espaço para um *encore*. Chega?

Espero bem que sim. Mas antes do concerto começar, permitam-me uma apresentação rápida da banda que, nos últimos três anos, acompanha o cronista nos seus números a solo. Como maestro, Otavio Frias Filho, director da *Folha* e responsável primeiro pela cruzada transatlântica; e ainda Alcino Leite Neto; Cássio Starling Carlos; Marcos Augusto Gonçalves; Marcos Flamínio

Peres; Rafael Cariello; Ricardo Feltrin; e a encantadora Sylvia Colombo. Eis os nomes que, na Barão de Limeira, foram abrindo esta longa avenida entre duas margens por onde vou desfilando com prazer e gratidão.

Para cada um deles, uma salva de palmas, por favor.

J.P.C.

I.
SAMBAS

Essas mulheres
FOL, 27/11/2006

Escuta aqui, ó portuga: que ideia é que vocês, portugueses, têm dos brasileiros que vivem em Portugal? A pergunta foi frequente nos meus dias paulistanos. Em público ou privado, existia sempre alguém interessado em saber a opinião do patrício sobre os primos mais distantes. A minha resposta era invariavelmente a mesma: pessoalmente, gosto. Mas também confesso que falo mais do feminino do que do masculino. Digo mais: as mulheres brasileiras fizeram mais por Portugal do que séculos e séculos de permutas académicas, literárias, culturais.

O auditório feminista não gosta de ouvir. E confunde uma observação objectiva com segundas intenções. Não existem segundas intenções. Apenas as primeiras. As que ficam. E então acrescento: tempos houve em que "beleza" e "mulher portuguesa" não rimavam na mesma frase. O escritor Miguel Esteves Cardoso, que entendeu os portugueses melhor do que ninguém, comentava há uns anos que a imagem de uma mulher bonita, entre nós, era motivo para conversas infindas durante semanas infindas. Facto, Miguel, facto. Atendendo à escassez da espécie, a visão de uma mulher bonita tinha o impacto de um marciano que subitamente aterrava no fundo do quintal. Era um acontecimento. Era um choque. Era um meteorito cruzando os céus, deixando um rastro de fogo nas nossas imaginações carentes e lunares. A "Mulher Bonita" era um ser de contornos mitológicos. Como as fadas. Os duendes. Os esquerdistas inteligentes. O resto era desolador. Rostos fechados. Pernas também. E o clássico bigode, que crescia por desleixo. Como as ervas daninhas de um jardim abandonado.

Tudo mudou. Milhares de brasileiros cruzaram o Atlântico. Milhares de brasileiras também. As ruas de Lisboa e do Porto foram inundadas por um certo calor tropical que deixou os homens assustados e maravilhados em partes iguais. Foi a nossa passagem do cinema mudo para o sonoro. Do preto e branco para a cor genuína. Adultos choravam nas esquinas das cidades, como pobres famintos a quem é oferecido um manjar celestial.

Claro que a chegada em massa de brasileiras em massa não contentou toda a gente. Não contentou as próprias mulheres lusitanas, subitamente atiradas para as cordas da concorrência internacional. Mas até aqui o liberalismo clássico revelou-se um profeta certeiro: a concorrência tende a melhorar o produto para alegria geral dos consumidores.

E o produto foi melhorado pela "mão invisível" da competição hormonal. As portuguesas, dispostas a não perder a sua quota de mercado, deixaram que o jardineiro entrasse lá em casa, com tesoura de poda, pronto para cortar a relva florestal. Subiram-se saias. Desceram-se decotes. Os portugueses descobriam, atónitos, que as suas mulheres também tinham formas de mulheres. Conheço casos de amigos que, de uma dia para o outro, concluíam que o irmão, afinal, era uma irmã. E, com a passagem dos anos e a chegada de mais mulheres brasileiras, "beleza" e "mulher portuguesa" passaram a rimar nos nossos dias subitamente líricos e solares. Já não havia uma única mulher bonita a cruzar os céus dos nossos dias e capaz de alimentar conversas entre machos durante noites e noites de insónia febril. Havia uma mulher bonita todas as horas. Em todos os lugares.

Hoje, difícil em Portugal é não encontrar uma mulher bonita. O cenário já cansa; e nós, homens, sonhamos até, por motivos perversos e ligeiramente patológicos, vislumbrar uma feia. Só para descansar o olhar e arrefecer o corpo martirizado. Inútil. Mesmo as feias têm um certo encanto: a sensualidade real de quem compensa a ausência de formas com algum interesse de conteúdo.

Obrigado, Brasil. Um dia alguém irá escrever esta história: a história de como as mulheres brasileiras, cinco séculos depois de Cabral, descobriram, finalmente, Portugal. E de como os portugueses descobriram também as mulheres indígenas que tinham em casa. Sim, essas mulheres. Sim, as nossas mulheres: injustamente perdidas e escondidas na floresta amazónica da frigidez secular.

A bola é quadrada
FOL, 29/5/2006

Se um extraterrestre aterrasse com a sua nave em Portugal, ele ficaria compreensivelmente em estado de choque: o país está a preparar-se para o Campeonato do Mundo mas, com toda a certeza, o país já sabe que vai ganhar o Campeonato do Mundo. Não conheço um único português que duvide, por momentos que seja, dessa absoluta e luminosa certeza. Falo de gente aparentemente racional e sem sinais exteriores de demência.

Melhor: existem até filmes publicitários em que os jogadores da Selecção Nacional — os famosos Figo, Deco ou Cristiano Ronaldo — ostentam o troféu pelas ruas de Lisboa e o povo, coberto de vermelho e verde, aplaude os heróis que, para falar a verdade, só no dia 11 de Junho irão entrar em campo. A primeira vez que vi o filme, confesso que ri. Depois sorri. Hoje sei que o meu país está a enlouquecer e eu não posso fazer nada.

Bom, poder, até posso. Mas será que vale a pena? Será que vale a pena falar um pouco da — palavra feia, eu sei — "realidade"? Continuem a imaginar o extraterrestre. E agora imaginem que o extraterrestre perguntava, quase por ingenuidade, quantos Campeonatos do Mundo Portugal já venceu. Os festejos esmoreciam subitamente. As bandeiras perdiam a cor. E talvez o povo acordasse da anestesia geral. Na história dos mundiais, Portugal não tem passado, Portugal não tem presente. E, sobre o futuro, enfim, digamos apenas isto: é tão certo Portugal ser campeão do mundo como eu mudar de sexo e ir morar para Bagdade. Não, exagero. É mais provável eu mudar de sexo e partir para o Iraque.

Mas existem milagres, claro. No último Campeonato da Europa, Portugal chegou à final e, duplo milagre, foi derrotado pela Grécia. Informação: a Grécia não estará presente no Campeonato do Mundo porque, nos jogos de qualificação, perdeu com a Albânia. Mas se começarmos pelo passado, o cenário é dramático, ou cómico, dependendo da perspectiva. Em 17 mundiais, Portugal esteve presente em 3. Eu escrevo por extenso: *três*. O primeiro, em 1966, foi sem dúvida alguma o melhor: um terceiro lugar honroso com Eusébio na equipa e, mil perdões, a eliminação do Brasil. As duas restantes participações dos lusos tiveram, no mínimo, o seu interesse.

Do ponto de vista criminal, entendam. Em 1986, no México, os jogadores perderam com a Polónia, foram goleados por Marrocos (não é piada) e resolveram fazer greve se os prémios de jogo não fossem "renegociados".

Uma originalidade na história do futebol, que o país não esqueceu, nem deve. E, em 2002, na Ásia, a Selecção deixou a chantagem e partiu directamente para a agressão. Infelizmente, o acto foi cometido sobre o próprio árbitro, esmurrado no último jogo de Portugal (contra a Coreia do Sul, que perdemos, depois de outra derrota com os Estados Unidos).

Alguns leitores dirão, certamente, que estou a ser cínico e até cruel. Por favor, não é hora de elogios. E Portugal não é caso único. Em termos internacionais, estamos ao nível da Turquia. Da Croácia. Competimos directamente com os Camarões. A única diferença é que a Turquia ou os Camarões não enfiam na cabeça que serão campeões do mundo, excepto por motivos simplesmente humorísticos, o que é saudável. E nunca, nunca, nunca transformam a vida comunitária num inferno de fanatismo infundado: recentemente, Luiz Felipe Scolari pediu aos portugueses para pintarem o nome dos jogadores da Selecção Nacional nas praças das suas cidades e vilas de origem. Somos assim: vivemos três ou quatro meses de euforia louca. Quando o mundial começa, abram alas, nós já estamos a regressar.

Então imagino o Brasil: em 17 mundiais, 17 presenças. E, em 17 presenças, sete finais e cinco taças. Se Portugal, por hipótese académica, tivesse um currículo igual, seria literalmente impossível viver em Lisboa. Sem uma taça, somos vencedores virtuais. Com cinco, já estaríamos a marchar sobre a Polónia.

A culpa, no fundo, é da incompetência do nosso D. João VI. Tivesse havido união definitiva entre Lisboa e o Rio de Janeiro e o grande Reino de Portugal e do Brasil seria imbatível na história do desporto. Que é como quem diz: Ronaldinho Gaúcho marcava os golos e nós fazíamos os filmes publicitários.

Com destinos separados, o filme será outro: no dia 11 jogamos contra Angola; no dia 17 contra o Irão; no dia 21 contra o México; e, se a tradição ainda tem algum valor, no dia 22 estaremos de volta à Pátria, sonhando e até festejando com o Campeonato do Mundo de 2010. Mas não estaremos sozinhos. Escondido na bagagem, aposto que iremos trazer um árbitro bem esmurrado para mostrar.

Errata
FOL, 26/6/2006

Portugal joga daqui a umas horas com a Holanda. Escrevo sem conhecer o resultado mas com dezenas de e-mails de leitores que me acusam de pessimismo infundado e desconhecimento profundo. Elogios, só elogios. E porquê? Porque há uns tempos escrevi neste espaço que Portugal seria eliminado na primeira fase. Não foi: ganhou os três jogos e, agora, pode passar aos quartos de final. Gostaria de afirmar, em minha defesa, que a culpa não é do colunista. A culpa é inteiramente dos leitores. Eles remam contra a ciência e, coitados, continuam a acreditar nos colunistas.

Não é boa ideia e Philip E. Tetlock explica porquê, em *Expert Political Judgement: How good is it? How can we know?*. Tetlock, professor de Ciência Política em Berkeley, na Califórnia, utiliza estudo de vinte anos para provar três coisas — três coisas que qualquer leitor atento devia saber por experiência própria. Primeiro, os colunistas sabem menos do que parece (facto). Segundo, eles falham com frequência (*idem*). E, terceiro, nunca são penalizados por isso (*yuppi!*). A lição de Tetlock é especialmente válida para os colunistas com maior pessimismo: segundo o estudo, nos cenários mais negros, que constituem 70% das previsões dos pessimistas, só 12% acabaram por acontecer.

Chega de pessimismo. Hoje, dia 25 de Junho, quando são três da tarde em Portugal, eu prevejo uma vitória homérica da selecção portuguesa sobre a Holanda. Aliás, que se lixe a Holanda: dia 9 de Julho, em Berlim, a "Copa" será nossa. *Sorry*, Brasil.

P.S. — A "Copa" seria da Itália, como aliás se previu no texto seguinte. Portugal regressou a casa com o quarto lugar. Nenhum árbitro esmurrado.

O sexo do futebol
FOL, 10/7/2006

Janto no Estoril, terra simpática perto de Lisboa. A meio do jantar, metade da sala levanta-se e desaparece do radar. Que se passa? Dizem-me que a França acabou de marcar um golo e o Brasil está a trinta minutos de deixar o Campeonato do Mundo. Entendo o drama. Antes, muito antes da equipa portuguesa voltar ao mundo dos vivos, o Brasil era a equipa de qualquer português. Recordo o meu pai, em 1986, de joelhos na sala, quando Zico rematou para defesa de Bats. Uma derrota do Brasil era uma derrota de Portugal. De certa forma, ainda é.

Meia hora depois, os fugitivos regressam à sala, com a desolação no rosto. O Brasil já era. Eu próprio recebo mensagem no telemóvel de amiga paulistana, que deu entrada nas urgências hospitalares. "Conta a minha história ao mundo. Adeus. S." Curiosa esta conversão das mulheres ao fenómeno desportivo. Curiosa, mas inevitável: com a crescente efeminação dos machos, visível em qualquer revista da especialidade, cabe às mulheres ocupar o espaço anteriormente habitado pelos homens. Tenho amigas que deixaram crescer bigode só para calar a vizinhança: duas mulheres na mesma casa não era coisa bonita, diziam.

Pessoalmente, a eliminação do Brasil nunca me espantou. E nunca me espantou porque há vários anos que alimento teoria pessoal sobre o fenómeno: uma equipa é o prolongamento natural do treinador na intimidade. Treinadores apaixonados na cama tendem a incutir nos atletas uma vontade orgásmica de marcar. A frouxidão, pelo contrário, acaba por contaminar todo o grupo e os resultados não são animadores.

Felipão é um caso: batalhador, sim, mas as opções tácticas são nitidamente conservadoras, o que não espanta num homem casado há várias décadas com a mesma mulher. Resulta, e Portugal conseguiu chegar às meias-finais, mas às vezes a rotina cansa. E pode fracassar: um adversário que adivinha os movimentos do amante acaba também por lhe negar o prazer.

Eriksson é visivelmente um Don Juan: conseguir transformar uma equipa frígida, como a inglesa, numa donzela voluptuosa, que se abre a um futebol de imaginação, é a marca indesmentível de um homem que aposta tudo nos preliminares. Nem sempre resulta? Pois não: existe o perigo de um certo esgotamento quando chega a altura de marcar.

Mas nada de exageros. Klinsmann, por exemplo, é o inverso: a expressão visível de um homem ansioso, que sacrifica as carícias do jogo pela vontade imediata de atacar.

O ideal, portanto, é o equilíbrio possível entre a sedução do adversário, alguns afagos para animar os adeptos e eficácia no momento do remate. Pessoalmente, só Marcello Lippi, italiano, parece revelar as qualidades românticas essenciais. O futuro o dirá.

Arte de roubar
FOL, 31/10/2005

Eu gostava de ser ladrão. Falo a sério. Sonhos de infância, que me perseguem desde o berço: ser vampiro e ser ladrão. Falhei ambos com sentimento de culpa. A ideia de roubar é um dos grandes prazeres da civilização. Não para vender. Não para enriquecer. Gostava de roubar arte como os vampiros roubam vida eterna a donzelas indefesas. Atacar durante a noite. Chegar a casa com um Turner debaixo do braço. Pendurar o quadro na sala. Abrir uma garrafa e adormecer com a vista. É a minha costela Thomas Crown. Ah, e com Nöel Coward a cantar *A Room with a View*. Serve?

Por isso ergo a minha taça — vazia, vazia — para o jogo que o Museu Munch lançou na Noruega. Vocês sabem: *O Grito*, obra do expressionismo europeu, foi roubado em 2004. Agora, o museu de Oslo resolveu vender um jogo de tabuleiro para crianças de todas as idades. *O Mistério do Grito*, eis o nome. O desafio é ser ladrão e aprender arte a roubar, a roubar, a roubar.

Vozes moralistas, na Noruega e na Europa, estão chocadas. Não é possível brincar com coisas sérias. E o roubo de arte é coisa séria: o quarto maior mercado negro mundial, segundo a revista *Foreign Policy*, depois da droga, da lavagem de dinheiro. E das armas.

Calma, moralistas. Repito: eu não quero roubar para vender. Vender? A minha ética de ladrão não o permite. Eu quero roubar para ter. Há anos que sonho com os meus golpes, cartografando museus por todo o mundo e fazendo uma coleção mental dos cinco ou seis quadros que seriam docemente levados por mim.

Curioso: das grandes obras roubadas nos últimos tempos, não ficaria com nenhuma. Dispenso *O Grito*, de Munch, que não fica bem na minha sala. Pela mesma razão que não roubaria nenhum barroco, nenhum romântico: o excesso de dramatismo sempre me pareceu uma forma preguiçosa de expressão. E *O Grito*, mil perdões, tem uma qualidade tão imensamente *kitsch* — céu avermelhado, figura despersonalizada — que estraga qualquer ambiente.

Também não ficaria com nenhuma obra de Leonardo Da Vinci, muito menos com a sua *Madonna com a Criança*, que alguém levou de um castelo britânico em 2003. Bom proveito. Comigo, não. Especialistas de História da Arte abanam as suas cabeças e reprovam as minhas escolhas. Eu sei que Leonardo era génio, e *blá blá blá*: a capacidade única para pintar com a atmosfera, envolvendo figuras numa morbidez sensual, costuma fazer as delícias de turistas japoneses. Mas eu não sou turista. Eu não sou japonês. Leonardo é narcótico. E eu morro de sono com ele.

[Já agora, informação suplementar: não existe nenhum pintor chamado Da Vinci. Vinci, junto a Florença, era a terra de Leonardo, não mais. Por isso *O Código Da Vinci*, como alguém dizia, é o produto de um analfabeto. O analfabetismo de Dan Brown começa logo no título do livro. Mas divago.]

E Pablo Picasso? Em 1999, roubaram *Retrato de Dora Maar* de um iate na costa francesa. Lamento. Não ficaria com nenhum Picasso, embora um retrato de Dora Maar, uma das poucas mulheres que não assustava o bicho, me fizesse pensar duas vezes. Picasso aplicou literalmente a lição de Cézanne, ao reduzir o mundo à geometria — uma forma tirânica de experimentação estética. Mas roubava Cézanne, sim. Engraçado: em 1978, alguém roubou *Bouilloire et Fruits* nos Estados Unidos. Bravo. O quadro voltou a ser recuperado vinte anos depois. Pena. Eu voltava a roubar: Cézanne compreendeu o esgotamento impressionista e regressou à natureza imutável da matéria para não enlouquecer com a luz fugidia de Monet. Fez bem. O que passa, passa. Mas existe uma estrutura que fica: a evidência de um mundo que não se altera com o simples capricho do sol.

Depois existem quadros roubados de autores que estimo, mas que trocava por outros quadros. Em 1990, alguém roubou, em Boston, *O Concerto*, de Vermeer. Qualquer Vermeer vale a roubalheira. Mas, se posso escolher, iria a Dresden, na Alemanha, roubar a sua *Jovem lendo uma carta*, que povoa os meus sonhos há vários anos. Aliás, jovens leitoras sempre despertaram os meus instintos mais nobres. Sim, querida, até tu. E se a jovem de Vermeer fica bem na parede da direita, iria a Washington só para roubar outra jovem leitora — a de Fragonard — para a parede da esquerda. Imagino: as duas, lendo baixinho, enquanto eu escrevo cartas de amor só para elas.

Washington: ficaria uns tempos pela cidade, preparando os meus próximos golpes. Só na Galeria Nacional, com Fragonard no saco, assaltaria novamente. Existe um Corot, com *A Vila de Avray*, que cobiço sem cessar: Corot é o único artista "moderno" que pinta folhas de árvores como se fossem pétalas de flores. E, se estou em Washington, melhor regressar à Europa com as *Duas Mulheres à Janela*, do esquecidíssimo Murillo. A pintura religiosa de Murillo é cansativa e, se me permitem, um pouco pedestre. Os quadros seculares, não. Gosto destas duas mulheres que riem para mim: a mais velha, tapando a boca, gesto de maturidade e pudor; a mais nova, sorrindo apenas, com a inocência própria dos simples, ou dos justos.

E, de volta à Europa, duas paragens breves. Em Paris, roubaria Manet (mas não roubaria Monet). Em Londres, se houvesse tempo e espaço, traria sempre um Turner, claro, e os pré-rafaelitas na bagagem: roubaria um Millais (não confundir com Millet) e roubaria um Rossetti (não confundir com Rosselli). Os tratados afirmam que a irmandade pré-rafaelita pretendia um regresso solene à medievalidade mística. Respeito os tratados. Mas sempre vi nos quadros de Millais (e de Rossetti) um sentido paródico, e auto-paródico, que é simplesmente hilariante.

Talvez assim a minha vocação ficasse saciada. E talvez assim a minha sala ficasse completa: duas meninas a ler; mais à frente, os risos de Murillo para as figuras de Rossetti e Millais; na parede do fundo, Cézanne e o mar revolto de Turner. E sobre a mesa? Esqueci-me. Mas vocês podem sempre dar uma ajuda, passando pelo museu da Paulista e enviando esse menino de Chardin que há anos chama por mim.

God Save the King
FOL, 18/4/2005

Só existe uma coisa mais bela do que chegar: é chegar sem aviso. Aterro em Londres, almoço em Oxford, viajo para o País de Gales. A meio caminho, adormeço sem contar. E quando acordo, acordo com Hay-on-Wye à minha frente. Hay-on-Wye: sonhei com esta terra durante dias e dias e dias. Aqui estou. Aqui está.

Primeiro, interessava saber se Hay existia. Mesmo. Ouvira falar: um povoado perdido na fronteira, umas centenas de habitantes e milhões de livros sem preços para assustar. Não acreditava. Podia existir uma aldeia no fim do mundo, com quarenta alfarrabistas e uma gente que vive para ler, reler, comprar e vender? Mas devia acreditar: sou homem de pouca fé, dizem, e a fé é uma doce surpresa que nos redime no final.

Posso contar a história do lugar? O nome, o nome: Hay significa "feno". Wye é nome de rio — o rio que atravessa esta aldeia que um lunático transformou na capital mundial de livros em segunda mão. Lunático, espera um pouco, eu já conto a tua história. Foi em 1961.

Quarenta anos depois, Hay é um pequeno paraíso e o primeiro conselho que os habitantes nos dão — sim, o primeiro — é não estragar tudo com gente que não merece. Hay é um segredo que devemos partilhar com os melhores amigos. Estou a quebrar a minha promessa. Por si, leitor.

Viaje para Londres. Depois, é melhor alugar um carro. Almoçar em Oxford — sugiro o "The Mitre", na High Street, um restaurante que me salvou várias vezes na vida. Depois é conduzir sempre na direcção de Gloucester. A paisagem impõe-se: com Noël Coward a tocar no rádio, vamos deixando para trás a urbanidade e os nossos fardos. Acordei e estava lá. Fácil, não?

Não, não é: o paraíso, como todos os paraísos, tem o seu criador. O criador chama-se Richard Booth. Richard comprou o castelo arruinado de Hay e transformou o monumento em livraria. Importou milhares de livros e foi enchendo as estantes. Momento crucial: não havia estantes para tantos livros comprados. Richard enfrentou a realidade — foi a primeira vez, foi a última vez — e começou a empilhar os livros no jardim. A população aproximou-se dos livros rejeitados como os cristãos do Santo Graal. Foram levando tudo para casa. Leram. Releram. O filhos leram, releram. Mais livros chegavam. As estantes de Richard estavam dramaticamente preenchidas.

Então, sem plano, sem desígnio, as casas de Hay foram transformando-se em alfarrabistas improvisados.

Livros vendidos nos correios. Nos bares. Nos talhos. No mercado. E os livros que não cabiam em lado nenhum, ficavam em lado nenhum: ao ar livre, em estantes improvisadas. À frente do castelo. Ainda hoje lá estão. Feche os olhos e imagine: a noite perfeita e os livros a dormir ao relento. O leitor aproxima-se, escolhe sem pressa e deixa ficar moeda pequena por toda a obra de Mark Twain. *Se* deixar.

Eu deixei. Mas antes, apresento Margaret, que nos recebe à chegada. Viagem cansativa? Não, não, queremos ver os livros, alguém diz. Ah, maneiras, maneiras, o meu reino por maneiras. Eu, mais recatado, tento controlar a excitação do grupo e atiro-me dramaticamente aos pés da nossa anfitriã: meu amor, esquece esta gente e diz-me onde estão os livros, pela saúde dos teus filhos, e dos meus, e dos nossos. Eu amo-te, Margaret. Será que não percebes?

Margaret sorri e mostra a casa. A nossa casa. Na cozinha, um jantar completo. Pequeno-almoço para os dias seguintes. E na hora da despedida, um conselho: não tranquem a porta.

Eu, que vivo na selva, como todos vivemos, prometo que sim, que tranco, pode ficar descansada. Margaret corrige: "Eu disse para não trancarem, porque não é preciso. Em Hay, ninguém tranca a porta." Toda a gente ri com uma excitação infantil. Ah, maneiras, maneiras — e alguém desmaia no meio da sala.

Sim, sou eu.

*

Dormi como um anjo, acordo como um anjo. Pulo da cama, abro a janela e penso em atirar-me: se isto é o paraíso, talvez ganhe asas na descida. Gostava de ir a voar até às Black Mountains que vigiam Hay, dar uma volta no céu e mergulhar em almofadas de Dickens que me esperam à chegada. Mas alguém bate à porta: hora de aterrar.

As ruas de Hay vão recebendo turistas avulsos. Poucos, poucos, que procuram muito, muito. Depois de pequeno-almoço leve — quatro salsichas, dois ovos mexidos, duas tiras de bacon, duas baguetes com doce de alperce, feijão, café forte, sumo e mais quatro salsichas — vou descendo a rua principal. São onze da manhã: sim, talvez aguente até ao almoço.

As lojas sorriem para mim. Eu sorrio para as lojas. Entro num alfarrabista, saio logo depois. Taquicardia. Sofro disto desde os quinze anos. E três pisos com livros a duas libras não ajudam o meu pobre e cansado coração. Uma amiga, com doçura maternal, ainda pergunta: "Viste a obra completa de P.G. Wodehouse a trinta libras? Tudo primeiras edições?" Eu peço uma ambulância mas alguém me empurra lá para dentro.

Desfazer o mito: Hay já não é a aldeia de ingénuos pioneiros que foram vendendo os livros que liam e reliam. Hay floresceu e multiplicou-se. Existem alfarrabistas para historiadores, alfarrabistas para filósofos. Existem alfarrabistas para amantes de literatura, existem alfarrabistas para amantes de literatura *policial*. Existem alfarrabistas especializados no século XVIII, existem alfarrabistas especializados no século XIX. Existem alfarrabistas especializados em todos os séculos. Existem alfarrabistas que compram, existem alfarrabistas que vendem. Existem alfarrabistas que não são alfarrabistas: só vendem cinema e seus derivados. E por falar em cinema: existe uma sala de cinema na terra que foi transformada em alfarrabista. É a loucura: vocês compram o bilhete e o ecrã está devorado por estantes infindas de Napoleão e seus desastres.

Tudo isto é obra de Richard Booth, claro, que agora passa à minha frente. Richard não criou apenas este mundo. Richard criou um reino: comprou o castelo, declarou a independência da aldeia (juro, juro) e proclamou-se Rei de Hay-on-Wye (*idem, idem*). Se dúvidas houvesse, Richard usa coroa, manto real (tom escarlate, bonitinho, um pouco sujo e gasto) e passeia-se como um rei por seus reguengos. A certas horas, concede títulos a cães. Sim, estou a falar de bichos, não de humanos com vidas de cão. Dizem que é demência. Discordo. Demência é a nossa vida sem um toque de demência.

Richard recebe-me. No castelo. Faço uma vénia. Ele aprecia o gesto e pergunta se eu tenho passaporte de Hay-on-Wye. Digo que não, peço desculpa, Majestade, acabo de chegar. Ele tranquiliza-me com gesto magnânimo e marca audiência. Quando sabe que sou jornalista, transforma a audiência em conferência de imprensa. Serve, Majestade, tudo serve. E, depois, confessa as suas mágoas: o turismo está a destruir Hay. O turismo, a BBC, os jornais ingleses (sobretudo o *The Guardian*), a União Europeia, a Humanidade. Difícil não concordar. Mas sem turismo, a BBC, os jornais ingleses, a União Europeia e a Humanidade, eu não estaria aqui.

Richard já não me ouve. Alguém se aproxima com um cão — um labrador *retriever*, reverencial e temente

— e Richard acede, depois de prece em latim. Mais um *Sir* neste mundo plebeu.

*

Hora de regresso. Estou, tecnicamente falando, arruinado. Telefonei para casa no primeiro dia. Consegui um empréstimo. Voltei a telefonar poucas horas depois: tinha nos braços as obras completas de Edmund Burke, político e escritor irlandês, uma criança com duzentos anos, em doze volumes primorosamente conservados. E berrava, berrava. Por mim, por mim. Concederam um segundo empréstimo. À terceira tentativa, alguém atendeu e desligou logo a seguir. De duas, uma: ou foi engano; ou, cautela, estou deserdado. Desconfio que estou deserdado.

Deserdado e atrasado: o grupo vai enchendo as malas. Vôo antes do meio-dia. Calma, calma, o meu reino etc. e tal.

Então folheio os meus livros — cinquenta e sete — e vou encontrando em todos eles marcas de passado. A suprema riqueza de livros usados está nisto: letras de fantasmas que passaram pelo mundo com as alegrias e tristezas tão próprias da nossa condição. Chego a ler as passagens sublinhadas. A concordar ou discordar com anotações laterais. E gosto de ler o nome dos meus antepassados. "Liam Hastings", caligrafia cuidada, provavelmente mestre-escola viciado em ópio e com particular talento para açoitar meninos mal-comportados. E a data: 1912. Alguns, meticulosos, gostam de acrescentar o local: "King's College, Cambridge". Outros vieram de longe, como este livrinho de Swift que foi para "Calcutá" (em 1894) e regressou a casa sublinhado do princípio ao fim: o que se passou contigo, "Henry Millstone"? Estou a ver, estou a ver: amor e sífilis, combinação fatal.

Abro um dos últimos volumes e encontro uma surpresa. O livrinho, recolha poética do esquecidíssimo Tennyson, foi pertença de um tal "H. Williamson" que não deixou memória. Nem ano. Nem local. Deixou simplesmente recorte de jornal antigo, que vou desdobrando com arqueológico cuidado. Uma foto de oficial. Sorridente. Uma legenda. A notícia de uma morte em combate. E o nome, com "Williamson" no final. Seria talvez um filho. Seria talvez um pai. Seria talvez familiar antigo, amante, irmão. Restou apenas isto: uma notícia anónima que tenho nas mãos. E o rosto, que imagino enterrado em lama, na demência de Abril, o mês mais cruel.

Alguém buzina lá fora. Enfio tudo nas malas e vou descendo. Devagar, devagarinho: cinquenta e seis livros arrastados com esforço triunfal.

Tennyson ficou sobre a cama. Ah, doce Margaret, cuida dele por mim.

Sebald, Naipaul, Camus
FSP, 18/6/2006

Aqui há uns anos, num almoço em Lisboa, perguntava o historiador britânico David Pryce-Jones se existia algum escritor europeu capaz de rivalizar com Roth ou Updike. Ele acreditava que não. A incapacidade do continente para gerar um escritor relevante era a prova acabada de que a Europa estava, precisamente, acabada.

Na altura, discordei. E, numa sugestão nada inocente, sugeri V.S. Naipaul, que dedicou um dos seus livros ao próprio Pryce-Jones: *Reading & Writing: A Personal Account*. O velho historiador britânico sorriu e disse que V.S. Naipaul não era propriamente europeu. Bom, etnicamente, talvez não seja. Mas é difícil encontrar melhor herdeiro de Kipling ou Conrad deste lado do Atlântico.

Citei Naipaul e esqueci Sebald. Injusto. Na verdade, Sebald é a voz mais poderosamente original (e radical) da literatura europeia das últimas décadas.

W.G. Sebald nasceu em 1944, na Alemanha, quando o fim do Terceiro Reich era certo. Emigrou, estudou e ensinou literatura europeia no Reino Unido. Morreu em acidente de viação, corria Dezembro de 2001, pouco depois da publicação de *Austerlitz*, uma obra-prima facilmente comparável ao melhor de Borges. Acidente de viação: ainda está por fazer a história dos escritores mortos acidentalmente (e precocemente) nas estradas da Europa. Sebald é um caso. Camus é outro. Mas divago.

Campo Santo é o último Sebald disponível. Este livro póstumo, dividido em duas partes e superiormente organizado e traduzido (por Sven Meyer e Anthea Bell, respectivamente), apresenta ensaios e pequenos apontamentos escritos durante 20 anos. Todos eles valem o preço e o esforço.

A primeira parte é Sebald puro: o escritor viaja pela Córsega, de Ajaccio a Campo Santo, visitando o berço de Napoleão e descrevendo a vivência dos locais com a memória, o luto e a morte. Sebald não oferece nenhuma chave de leitura para compreender esta estranha deambulação. Não precisa. Quando recuamos a Napoleão, estamos, indirectamente, a falar da Alemanha. Primeiro, porque os sonhos imperialistas de Napoleão conduziram as províncias germânicas a um movimento crescente de afirmação contra-iluminista que, na sua dimensão mais extrema, acabaria por gerar os nacionalismos fétidos do século XX. E, depois, porque Shelley ou Keats, nas suas efabulações heróicas, estavam errados: Napoleão ofereceu o paradigma do tirano moderno, que Hitler acabaria por personificar.

Mas a visita à Córsega serve também como meditação sobre a morte: sobre a forma como os locais preservam ainda a memória física dos seus antepassados, ao contrário das sociedades urbanizadas onde vivemos e morremos. "Para onde vão eles", pergunta Sebald, "os mortos de Buenos Aires ou São Paulo, da cidade do México, de Lagos e do Cairo, de Xangai e Bombaim?". Um tempo sem espaço físico para os mortos é também um tempo sem possibilidade de memória: passamos pelo mundo e, na hora final, é como se nunca tivéssemos cruzado estas terras. Passamos sem testemunho. Passamos sem testemunhas. Somos feitos de esquecimento e invisibilidade.

É contra o esquecimento e a invisibilidade que se constrói a literatura de Sebald. E como evitar esse apagamento? Pela memória, pela possibilidade de memória. Por isso a prosa de Sebald surge marcada por uma desesperada tentativa de resgatar o passado: os seus livros são conspirações melancólicas e ambíguas de factos e ficções, palavras e fotografias. E mortos, muitos mortos, que convivem naturalmente com os vivos: Nabokov, Kafka e Bruce Chatwin surgem na segunda parte de *Campo Santo*. E, claro, surge também a Alemanha fantasmagórica pós-1945. O ensaio "Between History and Natural History" deve ser lido como semente de *On the Natural History of Destruction*. Ambos os trabalhos colocam igual pergunta: por que motivo os escritores e intelectuais alemães foram incapazes de escrever e reflectir sobre a destruição tangível, real, urbana em solo próprio? Resposta de Sebald: porque muitos a negaram; e muitos outros viram na desagregação física uma forma de purificação pelas chamas. A culpa tem abismos que o abismo desconhece.

Sebald, Naipaul, Camus: citei os dois últimos no início e, ao ler *Campo Santo*, percebo porquê. A prosa de Sebald, como os relatos de Naipaul, é uma busca contínua do lugar: do lugar que se teve, que se perdeu e que não existe mais. Em Sebald, como em Naipaul, os seres humanos habitam purgatórios eternos, onde estão condenados a errar. Sempre, e sempre, e sempre: como a pedra de Sísifo que rola montanha acima, montanha abaixo. E que não pára jamais.

O casamento segundo Sondheim
FSP, 9/5/2007

Paulo Francis costumava dizer que o problema da morte era deixar de ouvir Cole Porter. Concordo com a frase, mas gostaria de incluir Stephen Sondheim no lamento. Sondheim é o maior compositor vivo da Broadway e quando recordamos as melhores canções ("*Send in the Clowns*", "*Not a Day Goes By*", "*Losing My Mind*"), entendemos de imediato que o lugar dele é na companhia de Porter, ou Gershwin, ou Rodgers, e muito acima de Bernstein, para quem escreveu as letras de *West Side Story*.

Sondheim tem um novo musical em Nova Iorque e se os leitores forem pessoas de sorte, Nova Iorque é o destino. Claro que, para sermos rigorosos, o musical não é novo. Cronologicamente falando, data de 1970. Mas, ao contrário da cultura musical desse tempo, pateticamente obcecada com os dramas políticos da contracultura (o insuportável *Hair* é o exemplo máximo), Sondheim ocupou-se do que é permanente na natureza humana. Hoje, ver ou rever *Company* é uma experiência tão nova e comovente como em 1970.

Company é uma peça sobre o casamento. Ou, como diria Musil, é uma peça sobre os homens sem qualidades: capazes de habitar o mundo moderno sem estabelecer nenhuma ligação substancial com os seus semelhantes. Esse homem é Bobby, solteiro, a caminho dos 35, com cinco pares de amigos, casadíssimos, que esperam ver o amigo em situação "regular". Bobby vai passando por todos eles. E todos eles vão dissertando sobre os prazeres e os desprazeres do casamento com uma ironia e uma ambiguidade que são Sondheim *vintage*.

O exemplo máximo dessa ironia e dessa ambiguidade acontece com *"Sorry-Grateful"*, seguramente uma das mais belas canções de toda a história da Broadway, e acontece quando Bobby pergunta a um dos casados se ele nunca lamentou ter dado o passo matrimonial. A resposta, que o título resume, é a única resposta possível para quem partilha os dias com alguém: lamentamos e agradecemos; duvidamos e temos absoluta certeza; sentimos que não estamos sós e sabemos que continuamos sós.

Company não é apenas um musical sobre adultos. É sobretudo um musical para adultos, sem que o patético sentimentalismo romântico se introduza nos versos, pronto para distorcer a verdade última da nossa condição: sim, existem vários motivos para não estarmos com alguém; mas talvez não exista nenhum para estarmos sozinhos. É essa conclusão, dolorosa e sem entusiasmo, que Bobby verbaliza no tema final, *"Being Alive"*, uma meditação pessoal e espiritual de arrasadora beleza. Para quê deixar entrar na nossa vida alguém disposto a sentar-se na nossa cadeira, a arruinar o nosso sono, a conhecer-nos profundamente e, quem sabe, a magoar-nos profundamente? Porque estar só é estar só, não é estar vivo.

E se o leitor ainda tiver dúvidas sobre o casamento depois de ver e ouvir *Company*, não desespere: talvez esse seja o estado natural. Com a certeza de que a pessoa que ama terá as mesmas dúvidas. E com dúvidas ficará ao seu lado.

A arte de bem degolar
FSP, 5/2/2008

As pessoas usam e abusam da palavra génio. Alguém escreve, pinta ou filma com relativa competência e as massas críticas irrompem em delírio, proclamando genialidade com assustadora ligeireza. Como se chegou a este triste estado, em que os génios se multiplicam com a rapidez própria dos coelhos?

Ideologicamente, claro. A ideia do "génio" implica uma desigualdade que o pensamento igualitarista não tolera. O génio é naturalmente superior: ele não depende das condições materiais do seu tempo para criar; ele situa-se muito acima do seu tempo, falando aos contemporâneos com um sentido de eternidade que suplanta os contemporâneos. Basta ouvir Mozart ou ler Flaubert para perceber que nenhuma política "social" será capaz de resolver o intransponível abismo entre "nós" e "eles".

E se o abismo é intransponível, a melhor forma de

acabar com ele passa pela democratização da palavra "génio". Todos somos génios, o que implica que ninguém é. O acto tem efeitos perversos: ao declarar qualquer um como génio, acabamos por ignorar os verdadeiros. Que são, como sempre foram, raros.

Quem, hoje, merece verdadeiramente o título? Gostaria de arriscar um nome: Sondheim. É provável que os leitores desconheçam o personagem: na orgia do lixo cultural, Sondheim não tem a fama de uma Britney Spears. Mas olhando para a história musical dos últimos cinquenta anos, Sondheim não tem par e não tem rival. A frase talvez soe a heresia, sobretudo quando o *songbook* americano apresenta Gershwin, Porter ou Berlin. Sondheim soube receber a herança de todos eles, sobretudo como discípulo de Hammerstein. Mas Sondheim, respeitando a herança, melhorou-a e, como qualquer génio, subverteu-a. E não apenas como compositor. As letras de Sondheim criaram um mundo como a Broadway nunca viu: um mundo adulto, capaz de lidar com os grandes temas da condição humana sem o sentimentalismo doce dos mestres anteriores. Quando vemos e ouvimos *Company* (um musical sobre a complexidade das relações amorosas) ou *Sweeney Todd: The Demon Barber of Fleet Street* (um ensaio sobre a natureza da vingança), estamos em território novo e esmagador.

E se falei em *Sweeney Todd* foi de propósito: Tim Burton, depois da permissão de Sondheim, resolveu passar para filme o musical de 1979. Chamou Johnny Depp e Helena Bonham Carter para os papéis originais de Len Cariou e Angela Lansbury. E, com o talento visual conhecido, recriou aos nossos olhos a Londres vitoriana e pestífera onde se desenrola a ação.

E então encontramos Benjamin Barker, barbeiro em

Fleet Street e vítima da cobiça de um juiz, que o condena ao degredo para lhe roubar a mulher e a filha. Quinze anos depois, Barker regressa a Londres para se vingar do juiz. Mas não apenas do juiz. Ao saber que a mulher optara pelo veneno e a filha é prisioneira do seu algoz, a vingança de Sweeney Todd, nome de guerra, será executada sobre toda a Humanidade. E executada a golpes de navalha. Como cúmplice, Todd terá a ajuda de Mrs. Lovett, antiga senhoria que nutre por Barker, ou por Todd, uma paixão platónica. Eles são, à sua maneira, o par perfeito: enquanto Todd degola, Mrs. Lovett cozinha *tartes* com o recheio que vocês imaginam. Exactamente como no *Titus Andronicus* de Shakespeare, outro tratado amoral sobre a vingança humana.

Falei de Shakespeare? Precisamente. *Sweeney Todd* é de uma violência extrema. Mas é também de uma tristeza extrema: porque não existe destruição radical sem autodestruição radical. E o que comove em *Sweeney Todd* é contemplar um homem que, para retomar as palavras do bardo, é incapaz de sentir em si as "compungidas visitas da natureza" de que falava Lady Macbeth no mais terrível monólogo da literatura. E uma sequência do musical de Sondheim (e do filme de Burton) ilustra essa desumanidade com assombrosa beleza: quando Todd, admirando as navalhas com que irá cometer os seus crimes, ergue um monumento musical e insano à vingança; e Mrs. Lovett, ao ouvido, sussurra-lhe palavras compassivas e apaixonadas sobre um futuro que eles jamais terão.

Génios? Eles existem. Mas não existem na quantidade absurda que o analfabetismo cultural apregoa. Sondheim é um dos raros nomes que me faz acreditar na nobreza da arte. Porque ele relembra, como os clássicos antes dele, que no coração do sublime existem trevas.

Shakespeare, Dickens, Wodehouse
FSP, 21/5/2005

A literatura é uma senhora irónica e cruel. Em 1867, Émile Zola afirmava que Baudelaire não deixaria qualquer rasto. Iguais sentenças foram ditas por iguais sábios, a respeito de Dickens, Conrad ou Faulkner. O tempo veio e repôs tudo: reputação, justiça, verdade. O tempo é sábio. O tempo é mais sábio do que os sábios.

Mas nem sempre. Casos existem em que o tempo passou ao lado. Quem, hoje, lê Max Beerbohm? Aliás, quem conhece Max Beerbohm, sublime criatura que Oscar Wilde, muito acertadamente, louvava sem limites? Pior: quem lê ainda P.G. Wodehouse, escritor de cabeceira para George Orwell, Evelyn Waugh — e leitura improvável dos improváveis T.S. Eliot ou Ludwig Wittgenstein?

Não, não existem desculpas. Sobre Beerbohm, N. John Hall escreveu biografia breve e luminosa (*Max Beerbohm: A Kind of Life*). Sobre P.G. Wodehouse, o relato definitivo foi editado agora, em Londres. Robert McCrum, jornalista do *The Observer*, legou 528 páginas sobre a vida monumental (e trágica) de um génio absoluto. Título simples: *P.G. Wodehouse: A Life*. E que vida, essa.

Pelham Grenville Wodehouse nasceu na Inglaterra da rainha Vitória, corria 1881. A infância foi solitária e infeliz, com pais distantes (no duplo sentido do termo) que deixaram a Wodehouse uma pesada herança: viver e sobreviver num mundo desabitado de afecto. Wodehouse podia ter escolhido o caminho mais fácil: o caminho da marginalidade, ou da errância. Preferiu a literatura, recriando por escrito a realidade leve e solar que lhe faltava. Como Jorge Luis Borges, a literatura, para Wodehouse, bastava-se a si mesma, criando o seu próprio universo e, no limite, a sua própria verdade.

Wodehouse nasceu no mesmo ano de Picasso ou Bartók. Mas, ao contrário destes nomes, preferiu não trilhar a estrada modernista. Wodehouse cresceu nos inícios do século — a longa tarde eduardiana — e esse mundo foi seu até ao fim. As suas histórias, polvilhadas por escolas e seus mestres, tias e seus mordomos, aventureiros e seus desastres, são narrativas leves, que sopram como uma brisa, servidas por uma prosa de ritmo poético, musical, inventivo. E absurdamente hilariante. Mais do que isso: *hilariante e plausível*, uma combinação só acessível aos génios.

Flaubert disse um dia que a boa escrita exige uma boa rotina. Wodehouse é exemplo máximo dessa máxima exemplar. A sua vida reduz-se ao seu trabalho criativo, cumprido como ritual diário. Mulher, família — um distante rumor. Não admira que este radical isolamento — este radical solipsismo — acabasse por trazer um preço. O preço chegou com a Segunda Guerra Mundial.

Pergunta: como é possível ser um escritor apolítico no mais político dos séculos? Em 1940, Wodehouse confrontou-se com a resposta. Os nazis conquistavam a Europa, França incluída, onde Wodehouse passara a residir. O escritor encarou o facto como pequeno distúrbio na normalidade dos dias. Adaptou-se. Quando foi preso, fez o que sempre fez: adaptou-se novamente. Mesmo no cativeiro — um cativeiro a 50 quilómetros de Auschwitz — continuou a escrever, terminando, aliás, um dos seus melhores livros, *Money in the Bank*. Mas as qualidades humorísticas anteriores a 1939 eram agora vistas de outra forma por uma Inglaterra sitiada (e bombardeada) noite e dia. Como dizem os ingleses, *no laughing matter*.

O problema atingiu dramáticas proporções quando as autoridades nazis, conscientes da popularidade de Wodehouse, resolveram utilizar o escritor em transmissões radiofónicas, directamente de Berlim, para o mundo anglo-americano. Wodehouse, num misto de insensatez e estupidez, aceitou o jogo, acreditando que tudo não passava de um. Instalado no melhor hotel da capital alemã, passou a descrever as suas experiências de guerra no tom cómico e delirante de sempre. Desta vez, o mundo não riu.

Não riu e acusou Wodehouse das maiores vilanias. Um "traidor", uma "marioneta", um "oportunista" que Hitler (e Goebbels) manipulou com prazer. O caso dividiu jornais. Dividiu o Parlamento. Enfureceu Churchill.

Wodehouse explicou-se como pôde. Mas o mal estava feito. Depois de 1945, Wodehouse não mais voltou à Inglaterra. Morreria nos Estados Unidos, em 1975. No dia de São Valentim.

É injusto confundir a ingenuidade de Wodehouse (até ao fim, "uma criança crescida", na opinião dos seus próximos) com um acto de traição à pátria. Robert McCrum dedica cem páginas ao caso e iliba o autor. Com razão: irónica e tragicamente, a força da escrita de Wodehouse, só possível pela alienação face à realidade, foi a sua fraqueza em momento decisivo.

Trinta anos depois da morte, o que fica, então? Felizmente, fica o essencial. Em Inglaterra, não é exagero afirmar que Wodehouse ombreia com Shakespeare ou Dickens, embora especialistas, académicos e outras múmias se recusem a aceitar o facto. E as suas personagens (como Bertie Wooster, Jeeves, Psmith) fazem parte do cânone (como Hamlet ou Scrooge). Consultem o *Oxford English Dictionary*: 1.600 citações são retiradas da obra de Wodehouse.

E que obra: 97 romances, 28 musicais, 16 peças de teatro, seis argumentos para cinema. Os artigos de jornal são incontáveis (milhares, milhares). As vendas dos seus livros andam, algures, na estratosfera dos milhões. Voltar a lê-lo, hoje, é um prazer para qualquer mente civilizada: Wodehouse criou uma linguagem, um tom. Robert McCrum acredita que Wodehouse ficará como um dos grandes do século XX. Lendo esta biografia, e relendo as suas principais obras (como *The Inimitable Jeeves* e *The Code of the Woosters*, que terminei em lágrimas), sinto a estranha tentação de dizer que Wodehouse foi, simplesmente, o maior.

Como Jane Austen pode mudar a sua vida
FOL, 9/1/2006

Alain de Botton escreveu um livro sobre Proust para mudar todas as vidas. Bom negócio. Nos últimos tempos, tenho pensado em Jane Austen para mudar a minha. Corrijo. Tenho pensado em mim, no meu bolso e nas histórias de Miss Jane para mudar as vossas. Assim é que é.

Acontece quando um amigo (melhor: *uma amiga*) entra aqui em casa com lágrimas nos olhos. Problemas sentimentais, por favor, não façam caso. Fatalmente, tenho sempre dois objectos sobre a mesa: uma caixa de lenços de papel e, claro, uma cópia de *Orgulho e Preconceito*, o livro que Jane Austen publicou em 1813. Entrego o livro e, com palavras paternais, aconselho: lê *Orgulho e Preconceito* e encontrarás a luz, meu amor.

Elas leem e depois regressam, com a alma levantada, mais felizes do que Mr. Scrooge ao descobrir que está vivo e é Natal. Inevitável. Jane Austen entendia mais sobre a natureza humana do que quilos e quilos de tratados filosóficos sobre a matéria.

Mas, primeiro, as apresentações: leitores, essa é Jane Austen, donzela inocente que nasceu virgem e morreu virgem. Jane, esses são os leitores (ligeira vénia). A biografia não oferece aventuras. Poderíamos acrescentar que morou com a família até ao fim. Que publicou os seus romances anonimamente, porque não era de bom tom uma mulher entregar-se aos prazeres da literatura. E que as suas obras, apesar de sucesso moderado, têm conhecido nos últimos anos um sucesso estrondoso e as mais díspares interpretações políticas, literárias, filosóficas, até económicas. Já li textos sobre a importância das finanças na obra de Jane Austen. Sobre o vestuário. Sobre a decoração de interiores. Sobre os usos da ironia no discurso directo. Para não falar de filmes — mais de vinte — que os seus livros — apenas seis — suscitaram nos últimos tempos. O último *Orgulho e Preconceito* foi recentemente filmado no Reino Unido, com Keira Knightley (suspiros, suspiros) no papel principal. Vai aos Globos de Ouro. Provavelmente, aos Óscares também.

A loucura é total. Jane Austen mal sabia que, depois da morte, em 1817, o mundo acabaria por descobri-la e, sem maldade, usá-la e abusá-la tão completamente. Justo. Considero Jane Austen uma das maiores escritoras de sempre. Incluo os machos na corrida. Sem Austen, seria impensável encontrar Saki, Beerbohm ou Wodehouse. Miss Jane é mãe de todos.

E *Orgulho e Preconceito*? *Orgulho e Preconceito* tem eficácia garantida para males de amor. Vocês conhecem a história: Elizabeth, filha dos Bennet, classe média com riqueza nos negócios (*quelle horreur!*), conhece Darcy, aristocrata pedante. Ela não gosta da soberba dele. Ele começa por desprezar a condição dela — social, física — no primeiro baile onde se encontram. Com o tempo, tudo se altera. Darcy apaixona-se por Elizabeth. Elizabeth resiste, alimentada ainda pelas primeiras impressões sobre Darcy. Darcy declara-se a Elizabeth, sem baixar a guarda do preconceito social. Elizabeth não perdoa o preconceito de Darcy e, ferida no orgulho, recusa os avanços. Darcy vai ao *Faustão*. Não, invento. Darcy lambe as feridas e afasta-se. Mas tudo está bem quando termina bem: Darcy e Elizabeth, depois das primeiras tempestades, estão condenados ao amor conjugal. Aplausos. *The end*.

As consciências feministas, ou progressistas, sempre amaram a atitude de Elizabeth: nariz alto, opiniões fortes, capaz de vergar Darcy e o seu preconceito aristocrático. Elizabeth seria uma espécie de Julia Roberts em *Pretty Woman*, capaz de conquistar, com o seu charme proletário, um Richard Gere que fede a presunção. *Orgulho e Preconceito* seria, neste sentido, um livro anti-conservador por excelência, ao contrário de *Sensibilidade e Bom Senso*, onde a hierarquia social tem a palavra decisiva. Elizabeth não é boneca de luxo, disposta a suportar os mandos e desmandos do macho. Ela exige respeito. Pior: numa família com dificuldades financeiras, Elizabeth comete o supremo ultraje — impensável no seu tempo — de recusar propostas de casamento que salvariam a sua condição e a conta bancária de toda a família. A mãe de Elizabeth, deliciosamente histérica, atravessa o romance com achaques nervosos, prostrada no sofá. Se *Orgulho e Preconceito* fosse um romance pós-moderno, a pobre mãezinha passaria metade do tempo suspirando: "Esta filha vagabunda vai levar a família toda para a sarjeta!" Elizabeth não cede e triunfa. A família também. E os leitores progressistas? Esses, não. Os leitores progressistas tendem a ler *Orgulho e Preconceito* como se existissem na trama duas personagens distintas, vindas de mundos distintos, com vícios e virtudes também distintos. Darcy contra Elizabeth, até ao dia em que o amor é mais forte. Erro. Jane Austen não era argumentista em Hollywood. E os leitores progressistas saberiam desse erro se soubessem também que o título original de *Orgulho e Preconceito* não era *Orgulho e Preconceito*. Era, tão simplesmente, "Primeiras Impressões".

Nem mais. Se existe um tema central no romance, não é Elizabeth, não é Darcy. E não é, escuso de dizer, o dinheiro, a ironia dos diálogos ou a decoração de interiores. *Orgulho e Preconceito* é uma meditação brilhante sobre a forma como as primeiras impressões, as ideias apressadas que construímos sobre os outros, acabam, muitas vezes, por destruir as relações humanas.

De igual forma, *Orgulho e Preconceito* não é, como centenas e centenas de histórias analfabetas, uma história de amor à primeira vista. É, como escreveu Marilyn Butler, professora em Cambridge e a mais importante crítica de Austen, uma história de ódio à primeira vista. E a lição, a lição final, é que amor à primeira vista ou ódio à primeira vista são uma e a mesma coisa: formas preguiçosas de classificar os outros e de nos enganarmos a nós. Elizabeth despreza a arrogância de Darcy sem perceber que essa arrogância, às vezes, é uma forma de defesa: o amor assusta mais do que todos os fantasmas que habitam o coração humano. Darcy despreza Elizabeth porque Elizabeth é uma ameaça ao seu conforto social e até sentimental. Elizabeth e Darcy não são personagens distintos. Eles são, no seu orgulho e preconceito, personagens rigorosamente iguais.

Jane Austen acertou. Duplamente. Como literatura e como aviso. O amor não sobrevive aos ritmos da nossa modernidade. O amor exige tempo e conhecimento. Exige, no fundo, o tempo e o conhecimento que a vida moderna de hoje não permite e, mais, não tolera: se podemos satisfazer todas as nossas necessidades materiais com uma ida ao shopping do bairro, exigimos dos outros igual eficácia. Os seres humanos são apenas produtos que usamos (ou recusamos) de acordo com as mais básicas conveniências. Procuramos continuamente e desesperamos continuamente porque confundimos o efémero com o permanente, o material com o espiritual. A nossa frustração em encontrar o "amor verdadeiro" é apenas um *cliché* que esconde o essencial: o amor não é um produto que se compra para combinar com os móveis da sala. É uma arte que se cultiva. Profundamente. Demoradamente.

Por isso, leitores desesperados e sonhadores arrependidos, leiam Jane Austen e limpem as vossas lágrimas! Primeiras impressões todos temos e perdemos. Mas o amor só é verdadeiro quando acontece à segunda vista.

Para acabar de vez com o jornalismo
FOL, 8/8/2005

Vamos salvar o jornalismo? Então chegou a hora de acabar com o velho jornalismo. Mark Kramer, professor em Harvard, visita Lisboa e avisa: os jornais estão mergulhados em crise profunda. Vendas em queda. Leitores em fuga. Internet. Televisão. Rádio. As pessoas ouvem factos e dispensam jornais que repetem os factos. Com 24 horas de atraso. Aplausos, aplausos. Mas diz mais: se o jornalismo quer vencer o impasse, chegou a altura de abraçar uma forma "narrativa" de jornalismo. Os factos são importantes. São a base, o solo onde lançamos os alicerces da nossa inteligência. Mas os leitores querem mais do que factos: querem o confronto de um ser humano com eles. E o relato — literário, sim; pessoal, sim — dessa realidade primordial. Os leitores querem histórias, no sentido mais nobre do termo. Os leitores querem contadores de histórias.

Concordo com Kramer. Mas as palavras dele não são totalmente originais. Num dos livros mais impressivos sobre a matéria (*A History of American Literary Journalism*), John Hartsock mostra como a ideia de "jornalismo narrativo" não começou hoje. E não começou, ao contrário do que se pensa, com a gloriosa geração dos *sixties*, personificada em Tom Wolfe, Norman Mailer ou Truman Capote, os três cavaleiros do meu Apocalipse. Começou antes, bem antes: no período pós-Guerra Civil, nas últimas décadas do século XIX. Nos Estados Unidos, claro, sobretudo nos textos do esquecidíssimo Stephen Crane.

Quem lê Crane hoje em dia? Crane relatava os mortos na Guerra Hispano-Americana e perguntava: o que são nomes e números quando a morte destes homens transcende nomes e números? Quem são estes soldados que todos os dias tombam na batalha? Quais são as suas famílias? Em que terras viveram? Em que casas? Não será possível dar rosto a esta gente e salvá-la do esquecimento numérico e burocrático?

É possível. Foi possível. E um género estava criado. Contra o positivismo alegadamente científico, que reduzia a realidade social à linguagem do laboratório, uma reacção humana, demasiado humana. E uma corrente "literária" que acabaria por dominar o jornalismo americano ao longo do século XX e em momentos dramáticos da sua história. Como na Grande Depressão de 1930 e 1940. Uma vez mais, era preciso transcender análises económicas e gráficos académicos. Era preciso relatar os dramas rurais (e reais) do Alabama, como James Agee fez em *Let Us Now Praise Famous Men*. Sem esquecer a prosa de Edmund Wilson, Ernest Hemingway e toda a geração da *New Yorker*, surgida pouco antes.

Assim se entende como o "jornalismo narrativo" não começou com a geração dos *sixties*. E não começou porque Tom Wolfe ou Truman Capote limitaram-se a receber um riquíssimo património para enfrentar os dramas do tempo: a contra-cultura, o Vietnam. A morte de Sua Alteza Real, John F. Kennedy, que arrasou uma nação. E a luta pelos direitos civis. Como sempre, o jornalismo abraçava formas narrativas para responder aos dramas presentes. Dramas que transcendiam o jornalismo burocrático presente.

E hoje? Hoje vivemos na ressaca de um sonho que durou entre duas quedas: a queda do Muro de Berlim, em 1989; e a queda das Torres Gémeas, em 2001. Esse tempo arcádico está acabado. Mas a crise actual não é apenas uma crise alimentada pela instabilidade terrorista que paira sobre as sociedades ocidentais. É também uma crise do próprio jornalismo. Da possibilidade do jornalismo ser algo mais do que repetição senil de factos, lançados por agências noticiosas e repetidos por jornalistas preguiçosos que, na maioria dos casos, escrevem sobre Washington ou Jerusalém sem nunca terem visto um amanhecer no Capitólio ou um crepúsculo na Cidade Antiga.

Talvez eu seja um incurável romântico, que leu Joseph Mitchell até à insanidade. Mas a sobrevivência do jornalismo no mundo moderno passa pelo fim do jornalismo antigo. Passa, até, por um anti-jornalismo, capaz de enterrar essa "objectividade" que se confunde com uma lista de supermercado. Eu não quero apenas factos. Eu não quero a mera repetição de factos que ouvi na noite anterior, disparados por uma boneca articulada no noticiário das oito. Eu quero saber o que existe por dentro dos factos. Uma guerra, uma vitória? Eu quero saber quem são os derrotados, quem são os vitoriosos. Eu quero saber o que sentem os derrotados, o que sentem os vitoriosos. Como se portam e comportam. Eu quero acção e contradição. Palco. Iluminação. Eu quero ouvir. Eu quero ouvir gente a falar. Eu quero uma voz humana que, como Dante, seja capaz de descer às profundezas da nossa vida. E que regresse, ainda, para contar.

A dúvida conservadora
FSP, 31/1/2007

Luiz Felipe Pondé concede entrevista a Rafael Cariello na *Folha* do sábado passado e eu não posso deixar de sentir alguma admiração e certa nostalgia.

A admiração é óbvia. Não é todos os dias que apanhamos um conservador pela frente, disposto a confrontar o derradeiro paradoxo: será possível defender uma teoria conservadora quando o conservadorismo se define, precisamente, pela sua natureza anti-teórica? Não é jogo de palavras e eu não vou repetir, como Disraeli em carta a Lady Bradford, que "existem muitos esquemas, e muitos planos, e muitas razões para não haver esquemas nem planos". Um dos motivos por que o conservadorismo tem má fama é que ele não possui uma cartilha de resposta aos problemas da vida social ou humana. Um liberal pode proclamar a liberdade como o fim último das suas campanhas. Um socialista pode acreditar na igualdade (ou na "equidade") como valor das suas "engenharias de Estado". E o conservador?

O conservador tem certa relutância, e mesmo repulsa, em reduzir a complexidade da natureza humana a uma lista de supermercado. Claro que há conservadores e conservadores: Burke não pode ser confundido com um reaccionário ultramontano, como De Maistre. Mas, se o conservadorismo passa pela dúvida prudente, é Burke quem salta das palavras de Pondé.

Por isso, a nostalgia também entrou na entrevista: Burke foi o meu companheiro de estrada. E quando lemos Burke, vemos em forma de letra o que apenas podemos intuir em privado. Porque o conservadorismo começa por ser assunto privado: uma "disposição", como diria Oakeshott, que impede a arrogância fatal de entender o mundo como prolongamento dos nossos desejos. Ou, como Pondé afirma em metáfora feliz, a crença de que a menina de 14 anos pode criar um mundo que não conhece e não lhe pertence.

Chegamos, vivemos, passamos. Há um contrato invisível entre vivos, mortos e os que estão para vir que impede o entendimento da actividade política como gesto revolucionário e total. Pondé fala da "dúvida conservadora" e sublinha a imperfeição moral e intelectual dos seres humanos. Facto. Mas a "dúvida conservadora" não se alimenta só das ambições racionalistas que reduzem a complexidade do mundo a uma "técnica", amputando o que não pode ser racionalmente provado.

A "dúvida conservadora" instala-se, também, pois a contingência é inescapável. E a crença de que os nossos desejos bastam para alterar a realidade ignora o papel do imponderável na subversão do ideal abstracto. Em 1789, quando um parlamentar francês perguntou a Burke sobre os festejos de Paris, ele avisava: não há certezas de que a busca da utopia terrena não acabe por degenerar na violência e na mortandade. As palavras de Burke (e a "dúvida" levantada) eram escritas quando a República, a execução dos monarcas, Robespierre e o Terror não passavam pela cabeça optimista dos revolucionários.

Infelizmente, ontem como hoje, nunca passam.

Conversas
FOL, 26/6/2006

Falo sozinho com frequência? Precisamente: tenho longas conversas que, às vezes, terminam com zanga séria. Desde logo porque é difícil conversar com alguém hoje em dia. Mesmo com pessoas próximas, com quem partilhamos tudo — trabalho, casa, saliva, doenças — é mais complicado do que parece. Por isso leio o texto de Boris Fausto na *Folha*, "Jogando conversa fora", com um sorriso de concórdia. De facto. É difícil não sentir alguma nostalgia pela boa e velha conversa, que o século XVIII elevou a uma forma de arte. E não apenas nos salões de Paris. O "século da conversa" encontra-se também, ou sobretudo, em Londres e vários conversadores de excelência saltam à memória de imediato: Goldsmith, Boswell, Reynolds e o incomparável Dr. Johnson, que cunhou a frase lendária *"whoever goes to bed before midnight is a rogue"*.

Hoje é o contrário: as pessoas falam, sim, mas raramente conversam. Qual a diferença? Falar é coisa utilitária, que começa e acaba com um propósito comum. Conversar, não: desde logo porque "conversar" implica dois sentidos. Falamos e escutamos. E falamos. E escutamos. Como uma dança que precisa de dois parceiros: dois parceiros que avançam e recuam pelo simples prazer de dançar. Existe disputa. Mas existe também a natureza vagabunda de uma conversa: a forma como vai deambulando pelas ruas da intimidade sem ninguém saber exactamente como, para onde, ou porquê. Participamos apenas no "grande congresso internacional", como lhe chamava Robert Louis Stevenson no ensaio clássico "*Talk and Talkers*". Tudo isto implica um desprendimento do tempo, e da "cultura dos resultados", que a modernidade enterrou sem retorno.

Boris Fausto cita as festas de sociedade, onde as pessoas não conversam: vão disparando frases, tentando vencer a resistência do alarido. Vou mais longe: a cultura do ruído surgiu e instalou-se, precisamente, para esconder a vacuidade das pessoas. Para esconder, no fundo, como os seres humanos se tornaram desinteressantes. Nada para dizer. Nada para escutar. Às vezes, o ruído em volta é até um alívio (para eles) e uma benesse (para nós).

A minha vingança
FSP, 12/12/2007

O Natal está próximo e eu, em gesto altruísta, tenciono falar com os meus leitores. Literalmente. Podem marcar o 91 736 327. Só existe um problema: o meu telemóvel está no fundo do Tejo desde o dia 1 de Janeiro de 2007. Resolução anual que cumpri nas primeiras horas da madrugada: em estado etílico razoável, parei o carro na ponte de Lisboa e bati o recorde olímpico de lançamento do bicho. Ele voou como um pássaro ferido e desapareceu nas águas. Telefonem, leitores. Talvez uma sereia vos atenda.

Arrependido? Não. Aliviado. Durante um ano inteiro, não fui importunado por chamadas impróprias a horas impróprias. Não li mensagens mal pensadas e mal escritas. Os meus amigos, inicialmente críticos, passaram a aparecer (fisicamente) e a conversar (presencialmente). E não tive de responder à pergunta mais selvagem da civilização ocidental ("Querido, onde estás?").

Melhor: se as estatísticas servem para alguma coisa — cada adulto utiliza 240 horas de telemóvel por ano — a poupança não foi apenas económica. Foi mental. Duzentas e quarenta horas são dez dias a mais para viver.

Infelizmente, os outros ainda não seguiram os meus exemplos e eu sou constantemente agredido por conversas alheias. Quem janta com quem. Quem dorme com quem. Quem tem saudades de quem. E quando não são conversas, são os toques do aparelho: temas *pop*; temas clássicos; temas clássicos em versão *pop*; tiros; gritos; risadas. Dizem que o toque do telemóvel é uma expressão de personalidade. Será? Então bem-vindos ao manicómio.

Mas por pouco tempo. Cientistas israelitas descobriram o que eu há muito esperava: o telemóvel pode provocar cancro. Nas páginas do *American Journal of Epidemiology*, foi pela primeira vez estabelecida uma ligação séria entre o uso prolongado do aparelho e alguns tumores nas glândulas salivares.

E a melhor parte da descoberta é que os especialistas ouvidos sobre o assunto avisam que o telemóvel não provoca apenas danos no próprio; também pode afectar terceiros: gente inocente, como eu, e dramaticamente exposta aos campos electromagnéticos que podem despertar leucemia ou algum tumor cerebral.

Por outras palavras: durante décadas, fanáticos vários acabaram com o tabaco em cafés ou restaurantes porque o vício, alegadamente, prejudicava os "fumadores passivos". Se as descobertas israelitas ganharem força de lei, eu serei o primeiro a bater no ombro do companheiro falador. E a dizer-lhe, com a educação possível, para ele calar a boca e rumar para o Tejo. A vingança serve-se líquida

Maria Schneider salvou Portugal
FSP, 21/6/2006

Deixei de comer manteiga depois de ver o filme *O Último Tango em Paris*. A sequência é conhecida: Maria Schneider, então com 19 anos, sodomizada por Marlon Brando. Sou uma criatura impressionável. Mas tenho certo carinho pela Maria da manteiga. Carinho histórico, entendam. E quando leio, na imprensa do dia, uma longa entrevista com Schneider, hoje com 54 anos, não posso conter duas ou três lágrimas metafóricas.

Schneider vive em Paris. Melhor: *sobrevive* em Paris. Depois do filme de Bertolucci, caiu na depressão e na droga. Teve experiências com homens, mulheres. Abandonada, enterrou a carreira e afirma, com visível tristeza, que jamais teria feito o filme se soubesse das consequências. A celebridade, aos 19, faz estragos. Como a sequência da manteiga: não estava no argumento original. Estava apenas na cabeça de Brando. Ela aceitou fazê-la. Chorou de humilhação.

Pobrezinha. Como eu a entendo. Mas seria bom que Maria Schneider também entendesse como ela foi decisiva para a vida do meu país. Toda a gente conhece a história: em 1974, Portugal enterrava uma longa ditadura com uma revolução tranquila. Mas a questão intrigante é tentar saber como uma revolução de esquerda não atirou o país para uma ditadura de esquerda. Kissinger afirmava que Mário Soares seria devorado por Álvaro Cunhal. Como Kerensky fora devorado por Lenine em 1917. Kissinger errou, Cunhal perdeu, Soares ganhou.

Razões? Sim, Soares ganhou por lucidez política: pela capacidade única de não alienar a Igreja e a classe média, que Cunhal desprezara na sua cartilha marxista. E, sim, Cunhal perdeu porque, ao namorar com os militares e ao perder o controlo sobre eles, surgiu ao país com o seu verdadeiro rosto: o rosto das nacionalizações agressivas e outras loucuras revolucionárias. Nas eleições legislativas de 1975, o velho Partido Comunista surgia em terceiro lugar, com resultado humilhante.

Mas existe uma explicação suplementar para a democracia ter derrotado o estalinismo em Portugal. E aqui Maria Schneider tem uma palavra importante. Durante quatro décadas, os portugueses viveram com a censura sobre os ossos: um mundo fechado e atrasado, onde não existiam homossexuais ou suicidas nos jornais; onde não existia oposição política nas ruas; onde não existia uma garrafa de *Coca-Cola* nos cafés, porque Salazar não tolerava que o "capitalismo americano" invadisse as estradas do seu Portugal idílico.

Com a revolução, Maria Schneider aterrava em Portugal. Com a manteiga. E Marlon Brando disposto a usá-la. As filas para o cinema eram quilométricas. Um tio meu, já morto, viu oito vezes o filme, no espaço de três dias, com a curiosidade típica de um alienado.

Não, não foi o realismo de Soares a derrotar a utopia de Cunhal. Em 1974, os portugueses não estavam interessados em trocar uma ditadura por outra. Não trocariam a Coimbra de Salazar pela Moscovo de Cunhal, sobretudo quando havia Schneider por perto. Alguém devia contar esta história a uma mulher injustamente amargurada.

Ouriços e raposas
FSP, 8/1/2008

Onde estão os ouriços? Mistério. Há uns meses, passei uma tarde de conversa em casa de um velho professor inglês que me confessou as suas mágoas mais excêntricas. Como o desaparecimento dos ouriços, já noticiado pelos jornais. Antigamente, era possível caminhar pelo jardim e encontrar dois ou três. Hoje, nem sombra. A poluição urbana, o uso de químicos na agricultura e o avanço do cimento acabaram com a raça. Ele próprio sentia dificuldades em explicar às netas certos personagens das fábulas, em que ouriços falantes abundam.

Ouvi tudo com a educação possível e, quando ele se levantou para recarregar os copos, passei os olhos pelos jornais do dia. E então reparei, surpreso, que passavam dez anos sobre a morte do filósofo Isaiah Berlin. Sorri.

A efeméride era perfeita porque nenhum outro pensador utilizou a palavra "ouriço" com tanta inteligência e propriedade.

Aconteceu em 1953, em ensaio sobre Tolstói. Título? "O Ouriço e a Raposa". E Berlin, socorrendo-se de um aforismo do poeta grego Arquíloco, relembrava: "A raposa sabe muitas coisas, mas o ouriço sabe uma coisa muito importante."

Um jogo de palavras? Mais do que isso. Para Berlin, "ouriços" e "raposas" representam dois tipos de personalidade distintos que é possível encontrar na história intelectual do Ocidente — e, naturalmente, nas nossas vidas anónimas e privadas. Os "ouriços" surgem movidos por uma ideia central, procurando explicar a diversidade do mundo por referência a um único sistema monista. Platão era um "ouriço". Dostoiévski também. Marx *idem*. As "raposas", pelo contrário, entendem que a diversidade do mundo não autoriza um único sistema explicativo; são pluralistas porque sabem que os fins são vários e nem sempre compatíveis entre si. Montaigne, Shakespeare ou Joyce eram "raposas" por excelência. E Tolstói? O drama de Tolstói era ser naturalmente uma "raposa", embora desejando ser um "ouriço".

A divisão acabou por entrar na imaginação popular, e até Woody Allen, em *Maridos e Mulheres*, filmou Judy Davis em momento de intimidade, mas incapaz de atingir o orgasmo porque demasiado preocupada em separar mentalmente os seus amigos em "ouriços" e "raposas". A piada é boa, claro, mas a herança de Berlin é melhor. Porque as consequências de um jogo aparentemente inocente têm implicações arrasadoras para as grandes construções utópicas que dominaram, de forma particularmente trágica, o século XX.

Hoje, depois da queda do comunismo, é fácil apontar para as ruínas e exclamar que as "utopias" não funcionam. Mas Berlin, que atravessou as ruínas ao fugir da Rússia em 1917, não se limitou a afirmar o óbvio antes de ser óbvio. Berlin foi mais longe e procurou saber por que motivo as "utopias" estavam condenadas a fracassar.

E, para Berlin, as "utopias" estavam condenadas por uma razão conceptual da maior importância. Quando falamos de "utopia", falamos de um estado perfeito: uma realidade onde os valores mais caros à existência humana — a liberdade, a justiça, a igualdade — se encontram na sua expressão máxima. Falamos de uma realidade onde existe a liberdade máxima, a justiça máxima, a igualdade máxima.

Infelizmente, esse mundo não passa de uma ilusão. Não apenas pelas razões empíricas que nos levam a concluir que jamais foi possível habitar tal mundo. Mas porque os valores mais caros à existência humana são múltiplos e nem sempre compatíveis entre si. Podemos ter alguma liberdade, alguma justiça, alguma igualdade. Mas a liberdade total dos lobos significa apenas a morte dos carneiros.

O que resta, então? Para Berlin, resta a certeza de que é necessário escolher: uma escolha nem sempre fácil e onde a perda é real. Exactamente como nas nossas vidas anónimas e privadas, onde não é possível ter tudo. Não por sermos fracos, ignorantes ou confusos. Mas porque essa é a natureza dos valores: abraçar uns é excluir outros. Por isso as "raposas" levam vantagem sobre os "ouriços" ao aceitarem a perda como inevitável. Para Berlin, os "ouriços" procuram impor a ideia perfeita e redentora que os move. Mas essa ideia, desde o início, transporta uma bomba-relógio que a acabará por destruir, destruindo todos em volta.

Depois de um século bem utópico e bem tenebroso, o progressivo desaparecimento dos "ouriços" é um fenómeno a festejar. Apesar da tristeza do meu velho professor.

Morrer na praia
FSP, 1/8/2007

George Steiner passou por Lisboa e, meio a sério, meio a brincar, informou o auditório que Shakespeare, se fosse vivo, estaria a escrever telenovelas. Os críticos locais riram da provocação, mas a frase não era provocatória: a tragédia é uma prerrogativa de tempos aristocráticos. Na era democrática, onde as diferenças de classe não desempenham papel fulcral, a tragédia acabou. Ou, se preferirem, emigrou para dentro de quatro paredes: para o íntimo mais íntimo de famílias anónimas ou de anónimos amantes, que se encontram e confrontam em dramas pessoais. Ingmar Bergman, falecido esta semana, filmou como poucos esses momentos de intimidade, em que a tragédia é reduzida a palavras, gestos e rostos de famílias ou casais.

Bergman é um caso. Ian McEwan é outro. Falo de *On Chesil Beach*, a última novela de McEwan e uma pequena obra-prima da ficção contemporânea. A história, como as melhores histórias de Turgenev, é de uma assustadora banalidade: Edward e Florence amam-se, casam e, virgens como vieram ao mundo, jantam na noite nupcial. Cenário: um hotel na costa inglesa de Dorset. Ano: 1962. Não é por acaso: Philip Larkin dizia que o sexo começou em 63. Larkin falava da "revolução sexual" que transformaria o medo e a ignorância de Edward e Florence em relíquias pré-históricas.

Mas o ano, repito, é 1962. Edward teme a primeira noite por temer que ela termine demasiado rápido. O medo de Florence é de natureza diferente: Florence teme a mera possibilidade da noite começar. O sexo é um animal estranho, como alguém diria. Para Florence, um animal estranho e visceral.

O que acontece no quarto seria motivo, hoje, para um riso envergonhado entre dois amantes. Mas não para Florence e Edward. E não para a Inglaterra de 62. O que acontece ganha os contornos de uma tragédia clássica, a que a ignorância de ambos confere um peso sepulcral.

McEwan é magistral na descrição do acto, ou no fracasso do acto, emprestando aos escritores vindouros a lição maior: quando se escreve sobre sexo, nunca se escreve sobre sexo. Mas a alma da novela está no confronto dos dois nas areias da praia. Estive em Dorset duas ou três vezes e, relendo o diálogo dos esposos depois do fracasso, não conheço cenário melhor para a mais funesta das despedidas românticas. Existe em Dorset a brisa gelada que normalmente acompanha os suicidas.

Suicidas? Precisamente. *On Chesil Beach* não é, ao contrário do que seria de esperar em McEwan, uma história macabra sobre os abismos do desejo e do sexo. O sexo não passa de um pretexto. *On Chesil Beach* é a história de um duplo e espiritual suicídio, que só o orgulho e a vergonha podem explicar.

Porque as tragédias, as tragédias de hoje, já não se fazem com famílias aristocráticas que convidam a actos desesperados e radicais. As tragédias, as tragédias de hoje, acontecem em silêncio, em privado. E, mais do que histórias de acção, elas são retratos de inacção: acontecem quando nada se faz e os amantes se afastam, como num poema de Auden, cada qual em direção ao seu próprio erro.

As ansiedades de Alain de Botton
FSP, 19/2/2005

Filme conhecido: entro numa festa, alguém apresenta alguém. Primeiros sorrisos, primeira pergunta: "Então o que é que faz?"

Peço desculpa, preciso de uma bebida. Dupla. E o meu nome? Não quer saber o meu nome? A minha mundividência, sapiência, sensibilidade e sanidade? Não, apenas o meu trabalho. O meu trabalho é o meu cartão identitário. A minha conta bancária é marca da minha excelência moral. Então respondo. A minha resposta é avaliada por critérios produtivos. No final, o meu apartamento, o meu carro, o meu salário e o meu escritório são processados na cabeça meritocrática de quem calcula tudo e avalia tudo. E agora, podemos conversar?

Não, não podemos. Podemos ler Alain de Botton em *Status Anxiety*. Gosto de Alain de Botton e, quando confesso a minha fraqueza, levo assobios de colegas *highbrow*, que lêem Derrida e, claro, não percebem Derrida. Facto: Botton não é filósofo de academia. Mas, pergunto, toda a filosofia deve ser assunto de academia? Mais: toda a filosofia deve ser uma busca desesperada de verdades inabaláveis, inalteráveis, que garantem a nossa sobrevivência intelectual no vasto mundo das aparências? A culpa é de Descartes, com certeza, homem magro e enfezado, que morreu de tanto pensar e de tanto apanhar (frio, apanhar frio) nas suas viagens pelo norte da Europa. Mas Descartes deixou o seu vírus racionalista: a filosofia lida com a verdade, não necessariamente com a vida. A filosofia serve para ensinar a descobrir verdades, não para ensinar a viver.

Alain de Botton discorda. Faz bem. Depois de dois livros fracos (*Como Proust Pode Mudar a Sua Vida* e *As Consolações da Filosofia*) e depois de breve passagem pela literatura de viagem (*A Arte de Viajar*), *Status Anxiety* visita Montaigne. Botton não é Montaigne, e eu não enlouqueci completamente. Mas Botton aprendeu com Montaigne a lição essencial: aprender a viver é a única preocupação de uma mente civilizada. A nossa inteligência vale o que vale a nossa vida.

Status Anxiety é, sem ironia, um livro sobre o amor. Mas, como diria Raymond Carver nas suas histórias desoladas, de que falamos quando falamos de amor? Existem dois tipos. O primeiro, que todos conhecemos: a nossa busca desesperada pela alma gémea que nos completa e, às vezes, nos despedaça. A história da arte é, na esmagadora maioria dos casos, a história deste amor. Mas existe outro tipo mais vergonhoso: a nossa busca pelo amor do mundo. A nossa doentia preocupação com o lugar que ocupamos no mundo. A forma como somos olhados pelos outros. Os nossos amigos, os nossos vizinhos. Mãe e pai. Sogra e sogro. E aquele cunhado débil que ganhou dinheiro na Bolsa e despreza a nossa vida ordeira e burocrática. Vivemos no palco, somos audiência e actor. E porquê?

Alain de Botton ensaia explicação freudiana, que depois abandona: procuramos ainda o amor arcádico e perdido dos nossos primeiros anos. Não, Alain, por aí não, deixa Édipo em paz. Ele ouve-me. E então prefere a realidade: no mundo ocidental, as nossas necessidades básicas estão resolvidas. Comer, beber. *Isso* também. Mas nós queremos mais do que necessidades básicas. Não estamos interessados numa comparação fátua com os nossos antepassados. Que interessa se os nossos avós viviam com um pão e uma fatia de queijo num sótão fedorento duma aldeia miserável? Nós queremos o que os outros querem. A nossa comparação não é feita com o passado, mas com o presente. E com o futuro. A nossa inveja é isto: desejar uma vida que pode ser nossa e que deve ser nossa. As teologias tradicionais prometiam vida depois da morte. Mas quem arrisca? Quem deseja aceitar resignadamente uma vida de privação para cair no abismo negro do esquecimento eterno? Nada depois do pano, tudo deste lado do pano. Por isso investimos cada vez mais no nosso mérito. O nosso dinheiro é a medida da nossa alma. E quando falhamos, carregamos o peso do nosso fracasso e da nossa vergonha. Nas sociedades tradicionais, o berço definia o nosso destino. Injusto, sem dúvida. Hoje, o berço define o início de todas as injustiças. O que fazemos define o que somos, e o que somos não depende da crença existencialista e infantil, *après* Sartre, de que os seres humanos jogam a sua vida em escolhas radicalmente livres. Os nossos destinos não estão apenas nas nossas mãos. Repousam, trémulos, nas mãos trémulas do talento arbitrário que temos ou não temos; da sorte que aparece ou desaparece; da disposição do nosso chefe; da mulher do nosso chefe; do amante da mulher do nosso chefe.

Chega. Alain de Botton aconselha terapêutica adequada. Não é retórica de auto-ajuda. Nenhum optimismo para consolar donas-de-casa. É lembrança fatal do nosso fim fatal. A morte. Podemos dominar a nossa ansiedade pelo exercício da razão: filtrar o juízo dos outros sobre nós e o nosso juízo sobre os outros. E então dizer: não somos tão maus assim e os outros não são tão bons assim. Schopenhauer *dixit*. Ou podemos mergulhar na arte ou na boémia, o nível estético que Kierkegaard julgava insuficiente porque insuficientemente o viveu. Mas o dado último deve ser o primeiro. Vamos morrer. Os outros acompanham-nos numa única classe. E não queremos acordar um dia, como Ivan Ilych no romance de Tolstói, recordados dessa certeza: as nossas máscaras são pó quando nos confrontamos com o pó.

No meio da loucura moderna, a morte é uma companheira gentil. Por isso encho o meu copo numa festa de ocasião e respondo como sei e posso. Sou jornalista, sou contabilista, sou tenista. Que importa? Sei, como sempre soube, que as respostas são nada quando a vida é minha e a morte é nossa.

A eternidade e um dia
FSP, 23/5/2007

Pergunto às vezes se vale a pena sair de casa. Pergunta retórica, claro. Eu sei que não vale. Mas então cedo, por motivos sentimentais: uma amiga exige "vida social" e eu, com um ânimo de cão, compareço a uma festa qualquer, povoada por dezenas de estranhos que exibem uma alegria efusiva que me deprime terrivelmente.

Aconteceu na passada semana, num bar de Lisboa, com vista sobre o Tejo. Fui, entrei, sentei. A ideia era beber e contar os minutos para regressar. Mas nem isso foi possível: ao meu lado, um casal comentava a identidade dos presentes, citando nomes e feitos com excitação adolescente. Minto. Citavam nomes. Mas faltavam os feitos. Naquele espaço, estavam "famosos" que eram "famosos" por serem "famosos".

O caso intrigou-me. Meti conversa, perguntei, ouvi bastante. Então um deles explicou-me que a sra. X estivera num *reality show* televisivo durante vários meses, na companhia dos srs. Y e Z, que também ali andavam. Mas ninguém sabia exactamente que talento particular distinguia X, Y ou Z. Eles não cantavam. Não escreviam. Não pintavam. Obviamente, não pensavam. Mas mereciam admiração porque eram, simplesmente, "conhecidos".

O fenómeno é único na história da Humanidade. Não vale a pena recuar a séculos distantes. Basta olhar para o século passado, sobretudo para o mundo pré-televisivo onde a "celebridade" era essencialmente meritocrática. Sim, formas rudimentares de publicidade também geraram os seus famosos: basta ler a prosa de Walter Winchell, o mais importante colunista da Big Apple (que inventou a expressão "Big Apple"), para perceber como se fabricavam, ou derrubavam, "celebridades". Mas, apesar de tudo, havia algo que distinguia a celebridade. Um talento para executar, mal ou bem, uma função singular. Ninguém estrelava cartazes apenas por "aparecer".

Hoje, a fama deixou de ser meritocrática; passou a ser literalmente democrática, para alegria geral das massas. Se o talento é elitista (e, por definição, não-igualitário), só uma fama desabitada de qualquer talento pode enterrar essa desigualdade. Eu sou famoso, tu és famoso, ele é famoso: toda a gente é famosa porque, no limite, ninguém é famoso.

Esclarecido e abismado, pedi licença à minha companhia e saí para a rua. Para respirar. Uma brisa quente passava pelo rio e, ao fundo, o mosteiro dos Jerónimos erguia-se na sua imponência renascentista. Aproximei-me do monumento e então reparei, sob a luz forte dos holofotes, em pormenores ridículos que normalmente escapam à luz do dia. Trabalhos microscópicos lavrados na pedra — folhas, figuração humana, motivos geométricos que, algures no século XVI, um anónimo foi esculpindo durante dias, meses, anos, na certeza dolorosa de que poucos homens cá em baixo iriam notar.

Certeza dolorosa? Corrijo. Certeza luminosa. Há quatro séculos, um artífice sabia que a desatenção dos homens valia pouco quando ele tinha a atenção de toda a eternidade. Nos dias que passam, a eternidade vale nada quando toda a gente corre e se atropela pelo aplauso de um único dia.

Mulheres, crianças e fantasmas
FSP, 10/5/2006

Sou um homem de gostos simples. Os meus colegas de ofício, tudo gente letrada e literata, sonham ganhar o Nobel, ser publicados em 15 línguas, assombrar a Academia e a Feira do Livro de Frankfurt. Eu não. E vou contar um segredo aos leitores. Cheguem perto. Mais perto. Assim está bem: o meu sonho mais profundo, e mais inconfessado, e mais inconfessável, é ser um dia o Prof. Higgins em *My Fair Lady*. Li há pouco, quase por acaso, que a minha querida Keira Knightley será a nova Eliza Doolittle em produção teatral londrina. Suspiro. Não peço tanto, meu Deus, não peço tanto.

Mas se alguém, aí no Brasil, estiver a pensar numa versão moderna do projecto, por favor, peçam o meu endereço à *Folha*. Sei dançar, sei cantar. Tenho porte e, com maquilhagem certa, tenho idade. E, se posso sugerir companhia feminina, escolho a actriz Carla Regina, a grande descoberta da minha última década. Adorava educar Carla em palco: transformá-la numa *lady* depois de sessões contínuas de açoites gramaticais.

O problema, *hélas*, é que os meus sonhos não são recomendáveis. Vejam bem: a última sobrevivente americana do Titanic, que tinha cinco anos quando o navio afundou, em 1912, acabou de morrer nos Estados Unidos. Lillian Asplund perdeu o pai e três irmãos. Sobreviveu, juntamente com a mãe e o irmão mais novo, que tinha três na noite da tragédia. Nenhuma surpresa. Quando o Titanic conheceu as profundezas do Atlântico, 74% das mulheres sobreviveram ao desastre. Os homens, na esmagadora maioria, ficaram no navio e morreram com ele. Falamos de homens de todas as classes. Em 1912, seria intolerável que um "cavalheiro", a aspiração de qualquer homem civilizado, fosse capaz de ocupar o lugar de uma mulher, ou de uma criança, para salvar a sua triste pele. Uma vida de cobardia não valia a pena. Melhor ficar a bordo e beber champanhe até ao fim.

E hoje? Hoje, se o navio afunda, as mulheres afundam com ele. Primeiro, porque são os homens os primeiros a saltar para o bote salva-vidas, consequência inevitável da inevitável efeminação da espécie: conheço homens que fazem depilação, pintam os olhos, usam salto alto. Só não cortam o próprio pénis porque a lima das unhas não permite.

Mas as mulheres também afundavam com o navio porque Simone de Beauvoir, a santa padroeira da tribo, escreveu e mandou. Para sermos exactos, em 1949, ano da publicação de *O Segundo Sexo*: uma interpretação idiossincrática de Nietzsche e Marx que permitiu a Beauvoir formular a tese que arrastou todo o resto. As mulheres não nascem "mulheres", escreveu; as mulheres constroem-se "mulheres" — e não, Beauvoir não estava a pensar em Roberta Close ou na cirurgia plástica, que só serve para iludir a pobre ingenuidade dos machos. Beauvoir falava da identidade feminina: uma construção imposta por uma sociedade "falocêntrica" que oprime as donzelas ao atribuir papéis de sujeição sexual e moral. Para Beauvoir, derrubar essa sociedade passava por um igualitarismo radical: pelo regresso à nossa condição de humanos e não, nunca, jamais, pela distinção, natural e até cultural, entre "homens" e "mulheres".

Não pretendo contaminar ninguém com o meu pessimismo de estimação. Mas Beauvoir triunfou. Abrir uma porta ou dar precedência a uma senhora é considerado ofensivo em certos antros, a começar pelos da universidade ocidental. Eu próprio, confesso, já provei deste caldo: quando, insensatamente, levantava-me da mesa sempre que o elemento feminino se levantava também. Ficava sozinho no campo de batalha, fuzilado pelos olhares em volta. Então regressava à minha condição de macho e, mais do que macho, de criminoso e de verme. Sentado. Gelado. Pregado. Mas quem julgava eu que era? O Prof. Higgins em educação sentimental?

Claro que não. Ou claro que sim. Que interessa? É por isso que, ao saber da morte de Lillian Asplund, a criança e a mulher que o cavalheirismo de 1912 salvou da morte certa, eu ergo a minha taça para os fantasmas que ficaram para trás.

Meu amigo Woody
FOL, 28/11/2005

Atenção, críticos. Eu tenho três palavras para vocês. Não. Sejam. Ridículos. Será preciso repetir? Falo em defesa de Woody, meu amigo Woody Allen, que há trinta anos — bom, há uns vinte — vive cá em casa, na melhor estante do meu coração. E se vocês acham que eu estou a ser piegas, ou sentimental, ou excessivo, por favor, não tenham dúvidas: estou mesmo. E vou piorar.

Vocês conhecem a tese: Woody Allen começou o seu naufrágio em 2000, com *Small Time Crooks*. Continuou com *The Curse of the Jade Scorpian*, *Hollywood Ending*, *Anything Else* e *Melinda and Melinda*. Cinco filmes, cinco desastres nas bilheteiras. E os sábios deste mundo declarando a certidão de óbito. Woody está morto. Woody repete-se. Woody perdeu a graça. Woody perdeu a criatividade. Woody cansa. Ah, Deus, como eu gostava de aparecer em casa destes críticos e, com um bastão de basebol, tratar do assunto com os meus vagares. Mas depois imagino que os críticos têm filmes de Cameron Crowe na sala — *Vanilla Sky*, *Elizabethtown* — e uma compaixão súbita apodera-se de mim. Tudo bem. Se eles querem lixo, eles que comam lixo.

O pior é que Woody acredita nos críticos. Ele diz que não lê — mas, acreditem, ele lê. Aparece aqui em casa, uma lágrima a rolar por detrás dos óculos grossos, o *tweed* encharcado pela chuva que cai. "Eu não presto, Coutinho. Nunca serei um Fellini, um Bergman." Pobrezinho. Encomendo o jantar no chinês aqui do bairro e depois, ao som de Harry James, inicio o tratamento. Woody, senta aí.

O tratamento começa com uma revisão da matéria dada. Em quarenta anos de filmes, não existe um único — eu vou repetir, para vocês aí atrás: *em quarenta anos de filmes, não existe um único que seja realmente mau*. No próximo número de Dezembro da revista *Vanity Fair*, Peter Biskind, provavelmente um dos poucos críticos que respeito depois da morte de Pauline Kael, concorda comigo — ou, tudo bem, eu concordo com ele, não vou discutir quem é ovo ou galinha (mas eu pensei primeiro, Peter). Podemos não gostar de *Melinda and Melinda*, um dos mais fracos da colheita. Mas *Melinda and Melinda*, história contada em duas versões, como comédia ou como farsa, por grupo de amigos numa mesa de restaurante, revela um virtuosismo narrativo e cinematográfico que não se encontra na esmagadora maioria dos vagabundos que fazem filmes em Hollywood. Eu, pelo menos, não encontro — e confesso que só David Lynch e Clint Eastwood me obrigam a sair de casa com uma regularidade sazonal. (Scorsese? Depende. Muito.)

E os outros? *Anything Else* dá para os gastos, sim. *Hollywood Ending*, história do realizador que fica cego e disfarça o problema para não ser despedido, é Howard Hawks *vintage*, sim. E com bónus: o filme do realizador cego acaba por ser um desastre, claro, mas os franceses elogiam. *Touché*. É o melhor comentário à cultura francesa actual. Sem falar dos diálogos. Os diálogos destes cinco — de todos os cinco, sem excepção — são um prazer intelectual para mentes civilizadas: um sarcasmo *blasé* temperado pelo espírito de Nova Iorque que Woody Allen criou e recriou.

[Esclarecimento: a Nova Iorque que vocês imaginam que existe, na verdade, não existe. Só nos filmes de Woody, que praticamente sublimou a cidade — uma cidade invulgarmente desumana e agressiva — a golpes de ternura.]

Mas o tratamento não acaba aqui. Peter Biskind escreve, e com razão, que os grandes realizadores da história deixaram dois ou três filmes que fizeram o nome e a fama. Bognadovich dirigiu *The Last Picture Show* e *Paper Moon* (pessoalmente, mais o primeiro do que o segundo). Aconteceu na década de 70 e não voltou a acontecer mais. Mesmo Truffaut, um dos raros *nouvelle vague* que sobreviveu ao tempo, deixou *Les 400 Coups*, *Jules et Jim* e *Tirez sur le Pianiste* — na década de 60. Incluir *La Nuit Américaine*, eu entendo, mas só por nostalgia. Truffaut deixou três filmes e, depois dos três, partiu para parte incerta. O mesmo para Orson Welles, que deixou quatro. Ou Coppola, que deixou três. Ou Cimino, que deixou um. Bertolucci, exactamente, nenhum.

Woody Allen não deixou dois. Não deixou três. Biskind arrisca 10: *Annie Hall*, *Manhattan*, *The Purple Rose of Cairo*, *Broadway Danny Rose*, *Zelig*, *Hannah and Her Sisters*, *Crimes and Misdemeanors*, *Husbands and Wives*, *Bullets Over Broadway* e *Deconstructing Harry*. Eu arrisco 12: todos estes dez e ainda *Love and Death* e *Another Woman*, o filme que Cassavetes gostaria de ter feito com a mesma mulher (que, por acaso, até era a dele). E se falamos de obras-primas — definição de obra-prima, por J.P. Coutinho: objecto artístico que Deus, no Dia do Apocalipse, irá poupar na sua infinita misericórida para que os novos hominídeos não se sintam sozinhos na Terra — se falamos de obras-primas, dizia eu, bastariam três. *Hannah and Her Sisters*, *Crimes and Misdemeanors* e *Deconstructing Harry*.

Hannah é o mais solar dos filmes de Allen e mesmo nos meus piores dias — uns vinte e cinco todos os meses — a história de Mickey, o hipocondríaco que recupera a fé com um filme dos irmãos Marx, é a única ressurreição laica que me comove. Mas não é apenas uma ressurreição. É uma resposta: a mais simples e bela resposta do cinema moderno. Podemos não encontrar um sentido de vida, um sentido para a vida, o caminho célere para a felicidade ideal, como as teologias descartáveis prometem de porta em porta. Mas existem pequenas ilhas de felicidade, por onde vamos saltitando como náufragos perdidos. São estas ilhas que dão alento no caos que nos consome. O rosto de Mariel Hemingway em *Manhattan* — ou o rosto da pessoa que amamos, tanto faz. Os discos de Django Reinhardt em *Sweet and Lowdown* — ou os discos que fazem a banda sonora das nossas vidas, tanto faz. E, como nesse *Hannah* que me deixa num estado de felicidade irreal, os poemas de E.E. Cummings que descobri devido ao filme. Ninguém, nem mesmo a chuva, tem mãos tão generosas quanto Woody.

Generosas e sublimes, se por sublime entendermos tudo aquilo que aterroriza o fundo mais fundo das nossas certezas. E se Dostoiévski estiver errado? E se o crime não implica necessariamente um castigo? E se a "consciência", como Nietzsche afirmava, é um anacronismo da civilização judaico-cristã para aprisionar os homens num mundo sem Deus? *Crimes and Misdemeanors* é um anti-Dostoiévski por excelência. Imagino título de primeira página: "Amante mata amante". E o *lead*: "Mas descobre que o acto não pesa na consciência." Assustados? Eu fiquei. Quando vi pela primeira vez *Crimes and Misdemeanors*, senti todas as certezas a ruir com o passar do filme. A minha alma é como o rosto de Martin Landau: consumida pela culpa, no início; liberta de qualquer culpa, no final. Ou quase. A natureza subversiva do filme é a única culpa a que não podemos escapar.

E *Deconstructing Harry*? É um afago na minha consciência e, suspeito, na consciência de todos aqueles que vivem das suas criações. Harry Block, belo nome, tem bloqueio criativo. Tragédia inevitável, quando sacrificamos tudo em volta pelo amor à arte — neste caso, à nossa. Mas Woody apresenta um paradoxal optimismo: se a arte nos alienou da vida, é a própria arte que nos devolve à vida. Sobretudo quando todos os personagens do escritor aparecem em homenagem final. Aplausos — deles e nossos. Quem diria, camarada. Quem diria que as nossas ficções, às vezes, são formas perfeitas de salvar a realidade.

Nem mais. Todos os anos, com a regularidade das aves, Woody regressa. Nós devemos regressar a ele com um sorriso grato e íntimo. Porque os filmes de Woody Allen são gratos e íntimos: nós entramos na sala, sentamo-nos à mesa e ele vai servindo o jantar. Conhecemos todos os comensais. Sabemos que a comida não se altera com os anos: sal a menos, sal a mais — o cozinheiro é o mesmo. Os filmes de Woody Allen são uma família a que se pertence: ninguém deseja mudanças radicais ou desaparecimentos radicais. Desejamos apenas que seja Outono lá fora e que as histórias, conhecidas e até repetidas, sejam embaladas por um fio de jazz.

As manhãs de Filadélfia
FOL, 19/2/2007

Conheci Rocky Balboa demasiado tarde. Injusto. Rocky Balboa subiu aos ringues no ano em que eu nasci. Foi há trinta anos, quando Stallone tinha trinta anos também. E se o homem regressa, trinta anos depois, para fechar a série com a dignidade merecida, eu confesso que estarei na primeira fila. Este entusiasmo exige uma explicação.

Pessoal, sim, uma explicação pessoal: quando o assunto era *Rocky*, o filme que em 1976 limpou os Óscares da Academia, a minha reacção instintiva era o riso. Levar a sério *Rocky* era um pecado estético e até moral simplesmente intolerável para quem se alimentara com pratos mais requintados. A iconografia da coisa horrorizava qualquer cristão. O rosto de Stallone, de uma imobilidade grosseira, chegava e sobrava para um vómito profundo. E a voz, ou o grunhido que por ali se ouvia, era um insulto para ouvidos civilizados. Só morto me apanhavam num cinema, com o "Garanhão Italiano" a bailar no ringue.

Mas existe uma segunda explicação — pessoal, sempre pessoal — para tamanho afastamento: eu aprecio boxe e, por herança paterna, fui visionando e coleccionando, com certo grau de entendimento, os maiores bailados do quadrilátero. Recordo Sugar Ray Robinson em dança de morte com Jake La Motta, o "Touro Enraivecido" do Bronx que Scorsese levou às telas no melhor filme jamais feito sobre pecados e crucificações. Recordo Floyd Patterson e os três combates contra Ingemar Johansson: Patterson perdeu o primeiro, venceu o segundo e venceu o terceiro com uma elegância que só Ali conseguiria exibir mais tarde. Recordo o combate entre Joe Louis e o alemão Max Schmeling em 1938, ou seja, quinze meses antes da Segunda Guerra Mundial, o que confere ao caso uma dimensão histórica evidente. Louis venceu. Como venceu Rocky Marciano contra Jersey Joe Walcott, em 1952, para nunca mais perder um único combate. E, por falar em Rocky, recordo a luta real que muito provavelmente inspirou Stallone para filmar o seu *Rocky*: um inacreditável enfrentamento entre Muhammad Ali e o obscuro Chuck Wepner, em 1975, em Cleveland. As apostas atiravam com Wepner para o tapete ainda no primeiro *round*. Wepner resistiu até ao fim, ou quase, perante um Ali que era, para todos os efeitos, indestrutível. Se Stallone não estava na audiência a assistir a tudo, eu francamente não sei onde ele estava.

Foi assim que eu conheci Rocky Balboa: com náusea de Rocky e admiração pelo desporto que Rocky, supostamente, insultara. Pior: Stallone retomara um nome sagrado para os amantes do pugilato (Rocky Marciano, que aliás vencera o título em Filadélfia) e colara-lhe uma personagem que eu já odiava sem ver.

Mas então cedi: foi numa tarde em que um cinema de bairro passava a colecção inteira. Começava com *Rocky* e avançava pelos números restantes. Num acesso de loucura e tédio, comprei o bilhete, enfiei-me na sala e, relembrando palavras de amigos de imaculado bom gosto ("deves ver", "é um grande filme", "esquece os preconceitos"), ajeitei os óculos, moldei o corpo à cadeira e preparei-me para dormir. No final de *Rocky*, o empregado da sala aproximou-se de mim como um juiz zeloso; verificou o meu estado físico e mental; talvez tenha feito a contagem até dez; e depois soou o gongo para confirmar o meu *knock-out*. Não me levantei. Não me podia levantar. Eu estava no tapete, mais inconsciente do que Foreman depois do combate no Zaire contra Ali. *Rocky* não era um grande filme. *Rocky* era mais raro do que um grande filme. *Rocky* era, simplesmente, um milagre.

Não um milagre sobre boxe, porque *Rocky* não é um filme sobre boxe. Mas é um filme sobre a luta: a luta pela decência humana, exactamente como os filmes de Capra que eu via e revia com imaculada gratidão. E Stallone? Stallone era agora um rosto branco, e pobre, e dramaticamente solitário, como devem ser os rostos dos fantasmas nas manhãs de Filadélfia. Lembro agora: depois do desafio que lhe é lançado pelo campeão de pesos pesados — sim, a ele, um miserável sem préstimo, para um combate desumano e até inumano pelo título — o homem acorda na madrugada, despeja dois ou três ovos no copo que bebe com sonâmbulo entusiasmo e então sai para a rua. Bem sei que 1976 foi o ano das grandes odisseias solitárias (Travis Bickle dirigia táxis ali bem perto, na cidade maior). Mas a imagem mais profunda da solidão não está em *Taxi Driver*, e Scorsese que me perdoe. Nunca o cinema filmou solidão urbana assim: acompanhando a corrida lenta, e até patética, de um homem a treinar na madrugada. E nós, sentados na sala, sem saber ao certo se o espectáculo é para rir ou chorar. Falso dilema. É para rir e para chorar: quando Rocky sobe a longa escadaria do Museu de Arte de Filadélfia, onde ainda hoje os turistas gostam de imitar a escalada, a música de Bill Conti vai-se apagando até às últimas notas e a única coisa que resta é a respiração ofegante, e desesperada, de um vira-latas condenado. Não, não: aquilo não é cansaço. O cansaço não soa assim.

Rocky é feito disto. Quadros e quadros e quadros mais verdadeiros do que a verdade. As piadas sem piada que Rocky conta para disfarçar a pobreza, ou o embaraço. A conversa paternal com uma menina do bairro, que ouve a prelecção sobre as "más companhias" para no final o ridicularizar e insultar. E a visita ao ringue na véspera do combate: o Madison Square Garden, casa mítica onde Rocky ganhou sempre (o Marciano, não o Balboa) e onde Rocky (o Balboa, não o Marciano) se prepara para perder. E ele sabe que vai perder. Quem não sabe? Contemplando o cartaz gigantesco com o desenho da sua figura, ele ainda comenta com o promotor do combate que a cor dos calções está errada. O outro, que apareceu de repente, sorri. E aconselha descanso. A cor? Dos calções? Um condenado tem direito a um último desejo, não a um último capricho.

E o último desejo de Rocky é aguentar. Até ao fim. Ele mesmo o afirma, nessa noite mais longa, quando regressa a casa e a namoradinha o espera na cama. Ele deita-se, de costas para ela; a câmara aproxima-se do rosto dele; e a voz de Stallone — esse velho grunhido que eu insultava sem escutar —, a voz, dizia eu, fala agora com uma dignidade que só o cinema clássico sabe honrar.

Toda a gente conhece a história posterior. Ou, melhor dizendo, as histórias posteriores. Sim, falo do combate, que ele perde, e, perdendo de pé, consegue vencer para lá do imaginável. E falo dos filmes — medíocres, imensamente medíocres — que se fizeram a seguir: sem fôlego, sem talento e, mais importante ainda, sem necessidade. E "necessidade" no duplo sentido do termo: porque qualquer outro *Rocky*, sem respeitar a matriz, seria uma traição a *Rocky*; e porque o primeiro de todos, na sua inclassificável beleza, só se explica por um estado de necessidade. A necessidade que leva um actor marginal a escrever um filme no osso, como se fosse o primeiro e o último combate de uma vida.

Gore Vidal aos 80
FSP, 14/2/2007

O escritor português António Lobo Antunes costumava afirmar, com inusitado humor, que a literatura foi uma segunda opção. A primeira seria dançar como Fred Astaire. A frase é boa, a ambição também. Mas, se me permitem, talvez seja possível um compromisso. Quem não sabe dançar como Fred Astaire, pelo menos tenta escrever como Fred Astaire dançava. Não é fácil, meu Deus, não é fácil: qualquer matuto é capaz de alinhavar frases "humanistas" e "profundas", como se a salvação do mundo repousasse na gramática. Outros preferem transpirar em privado e brilhar em público com a leveza própria do sapateado. Quando um prosador escreve como Fred Astaire dançava, é difícil não notar como as frases, depois de lidas, se dissolvem, uma a uma, no ar. Anéis de fumo que não deixam qualquer rasto. Mas que embriagam para lá do tolerável.

Gore Vidal chegou aos 80 e continua a dançar. Não falo de política, porque Vidal, em política, acerta pouco nos passos. Os Estados Unidos da "Amnésia" atraiçoaram, sobretudo a partir de Truman, a vocação republicana? Curiosamente, os múltiplos isolacionistas de direita dizem o mesmo. E acusam Washington de ser porta giratória por onde o império põe e dispõe da guerra perpétua para a paz perpétua.

O Vidal que dança está, como sempre esteve, nos ensaios. *United States* (1992) transforma Vidal no principal cultor do género, sobretudo num século por onde passaram candidatos óbvios como Edmund Wilson e Isaiah Berlin. *Palimpsest* (1995), o primeiro volume de memórias, é um exemplo de elegância estilística, no qual o autor vai revisitando os primeiros 39 anos de vida com o distanciamento irónico que só o passado merece. Escrevo "revisitar" e sinto que errei a nota. Vidal não revisita nada, porque é o passado que o revisita: rostos ou palavras que se introduzem nas pausas do dia. Como um palimpsesto, sim: uma escrita sobre escrita que se transforma numa rememoração narcótica.

O mesmo acontece, agora, com *Point to Point Navigation*, as memórias finais e, suspeita-se, o livro final do autor. Verdade que *Point to Point Navigation* não tem a feliz intensidade das primeiras memórias. A música abrandou, Vidal também. E os capítulos são breves porque breves devem ser as despedidas.

Mas *Point to Point Navigation* é, sobretudo, um livro pessoal sobre a morte. A morte dos que nos foram próximos, como Fellini, Tennessee Williams, Greta Garbo e até Johnny Carson, o apresentador de televisão que regressa do outro lado para uma entrevista imaginária a Vidal. A morte de Howard Auster, companheiro do autor no exílio italiano, e que se despede nas páginas mais belas e brutais de todo o livro. A morte do próprio exílio e o regresso a casa, se "casa" é a palavra certa depois de Ravello. E a morte física do autor, que ele espera com a resignação que Montaigne aconselhava aos gentios.

Disse Montaigne? Disse bem. Não apenas porque o ensaísta francês, que Vidal abundantemente cita, é o precursor espiritual destes exercícios solitários. Mas porque Montaigne sabia que só há uma coisa pior do que caminhar para o fim. É fazer de conta que ainda estamos no início.

Agora e na hora da nossa morte
FSP, 3/10/2007

O problema da velhice é a invisibilidade. Creio que era Bioy Casares quem contava a mágoa: ele, outrora belo na juventude, caminhando pelas ruas e percebendo que as mulheres já não devolviam o olhar como antigamente. Um fantasma entre os vivos. E os vivos não olham para um fantasma.

Lembrei-me de Bioy Casares ao ler *Everyman*, a novela de Philip Roth. Existe passagem semelhante: quando o personagem envelhecido inicia diálogo com uma mulher mais jovem que corre na praia. Ela sorri, ela responde. Ela aceita o telefone dele e promete ligar de volta. Nunca liga. O facto é escrito com a secura de Roth. Mas chega para entender o essencial: a velhice é o início de uma batalha. E, pior do que isso, é o início de um massacre.

Everyman é a história desse massacre que todos os homens comuns vão experimentar. Millôr Fernandes costumava dizer que o problema da morte é não ser possível espantar as moscas. Facto, mestre, facto. Mas o pior vem antes: quando a doença se instala, esse exército interior na conquista do seu território. E, com a doença, a solidão do confronto com o fim.

Críticos vários escreveram que a novela de Roth revisita Tolstói. Sem dúvida. E não deixa de ser estranho que a literatura dos últimos cem anos tenha dedicado tão pouco espaço a esse calvário nosso: o momento em que o corpo desperta do seu anonimato para resgatar a sua mortalidade. Amor e sexo? Tudo visto. Poder e ambição? Tudo lido. Mas faltam as banalidades terrenas. Faltam os terrores mais banais.

Tolstói é uma excepção, sim. E o seu *A Morte de Ivan Ilyich* é provavelmente o relato definitivo da experiência. Uma dor que chega sem aviso, como sempre chega, à vida perfeita de Ivan. A perfeição que se desfaz. E a saúde dos outros, que ganha contornos ofensivos aos olhos enfermos do enfermo. Lentamente, Ivan deixa de ser uma presença válida na vida de terceiros; passa a ser um empecilho, um embaraço, uma piada de mau gosto.

Roth repete a dose. Como em Tolstói, a experiência é fortemente individualizada porque a doença e a morte só ganham contornos reais e universais quando acontecem na vida comum de um indivíduo. Mas, ao contrário de Tolstói, não há no personagem de Roth a consciência tranquila que, apesar de tudo, redime Ivan no final: as páginas mais pungentes de *A Morte de Ivan Ilyich* acontecem quando o moribundo revisita uma vida aparentemente escorreita e pergunta simplesmente porquê: porque ele, porque agora, porque assim.

O personagem de Roth sabe que a pergunta lhe está interdita: ele alienou os vivos por fraqueza, egoísmo ou luxúria. E, num mundo sem Deus, resta-lhe a consolação dos mortos: os mortos que ele visita no cemitério final, conversando e até gratificando, por irónica antecipação, o coveiro que o acabará por enterrar.

Enganam-se os que acreditam que os relatos breves de Roth são pausas para obras maiores. *Everyman* é uma obra maior e será um dia lido e falado como hoje lemos e falamos de Ivan Ilyich.

Anna Akhmatova
FSP, 20/8/2005

No Inverno de 1945, o filósofo Isaiah Berlin viajou de Moscovo para Leninegrado. A guerra terminara pouco antes e Berlin encontrou uma cidade devastada. Mas essa viagem à São Petersburgo da sua infância não valeu apenas como retrato da destruição e da barbárie. Ao entrar numa livraria local, Berlin inquiriu sobre o destino de escritores vários, que ele julgava mortos e enterrados. Como Anna Akhmatova, uma das figuras mais marcantes da poesia russa pré-revolucionária.

Para espanto de Berlin, Akhmatova não estava morta nem enterrada. Vivia perto, bem perto dali. E, se Berlin quisesse, seria possível conhecê-la naquela mesma tarde. O encontro foi rapidamente providenciado. Pela descrição que Berlin nos legou, Akhmatova surgiu como "uma rainha trágica", no seu porte majestático. E ainda era possível divisar, no rosto envelhecido, a espantosa beleza de uma das mais sublimes mulheres daquela cidade. "Um anjo negro, tocado por Deus", nas palavras felizes do muito infeliz Osip Mandel'shtam.

Elaine Feinstein, biógrafa de Pushkin, revisita essa "rainha trágica" numa das biografias mais aguardadas do ano: *Anna of All the Russias: The Life of Anna Akhmatova*. É o retrato competente de um calvário poético e pessoal: de como alguém conservou a alma e a dignidade perante um mundo invulgarmente brutal.

Anna nasceu em 1889, perto de Odessa, na Ucrânia. Por imposição do pai, que não tolerava os seus exercícios poéticos, acabaria por abandonar o nome de família ("Gorenko"), escolhendo "Akhmatova", nome de princesa tártara sua antepassada. Nas palavras de Joseph Brodsky, seu discípulo e confidente nos anos finais, a escolha do nome foi o seu primeiro poema.

Akhmatova começou por receber a influência dos simbolistas, sobretudo de Aleksandr Blok. Mas cedo se revoltaria contra essa influência: a partir de 1913, e juntamente com Mandel'shtam e o primeiro marido, Nikolai Gumilev, participa no movimento acmeísta, que pretendia romper, quer com o misticismo simbolista de Blok, quer com o futurismo de Maiakóvski, procurando uma poesia capaz de transmitir a experiência pessoal através de uma linguagem clara e rigorosa.

Mas a poesia de Akhmatova é indissociável do sofrimento russo e o ano de 1917 é, pelos piores motivos, momento marcante da sua biografia poética. Muitos escritores celebraram a revolução bolchevique como momento de libertação. "Um milagre", dizia Blok; "um segundo Bonaparte", afirmava Marina Tsvetaeva, sem saber que Lenine seria o início da sua destruição pessoal. Akhmatova entendeu que 1917 inaugurava uma via dolorosa para a Rússia. Não apenas pela pobreza material e moral, que transformaria o quotidiano do povo russo num inferno secular. Mas pelas tragédias pessoais que Akhmatova enfrentaria já sob Estaline: as mortes de Gumilev e Mandel'shtam às mãos do regime; os 15 anos de Sibéria para o seu filho, Lev. E a proscrição da sua poesia, considerada "pessoal" e "decadente" (leia-se: "burguesa" e "reaccionária") pelos críticos oficiais, sobretudo pelo sinistro Andrei Zhdanov.

A tudo isto Anna Akhmatova respondeu, ficando. Na verdade, Akhmatova sempre se recusou a deixar a Rússia. Não por desprezo ideológico face ao Ocidente (como em Gogol). E muito menos por uma qualquer inadequação às principais capitais da Europa (como em Belinski): em 1911, Akhmatova vivera em Paris, e desses anos Modigliani deixaria pinturas célebres. Akhmatova ficou para testemunhar: para que da sua "boca extenuada" pudesse ainda gritar "um povo de 100 milhões". As palavras pertencem a *Requiem*, escrito entre 1935 e 1940, obra monumental sobre um tempo feroz. "Era no tempo em que só um morto,/ Contente por estar em paz, sorria."

Anna Akhmatova sobreviveu a esse tempo. Não apenas fisicamente, o que já não deixa de ser uma proeza. Mas moral e poeticamente. Nas palavras de Mandel'shtam, Akhmatova conseguiu trazer a complexidade e a riqueza do romance russo do século XIX para a lírica do século XX. Facto. Mas conseguiu mais: como exemplo de resistência, a "Anna de Todas as Rússias" legou ao seu povo uma impossibilidade de esquecimento. Em 1966, ano da sua morte, esse povo saiu à rua e, em silêncio, agradeceu.

A dupla morte de Stefan Zweig
FOL, 21/8/2006

Existem esquecimentos imperdoáveis: leio o *The New York Review of Books* e encontro ensaio de Joan Acocella. Sobre Stefan Zweig. Quem? Precisamente. Zweig é hoje uma relíquia literária, própria de coleccionadores. Injusto, claro. Nasceu em Viena, corria 1881. Faleceu em 1942, no exílio brasileiro, suicidando-se com a mulher em Petrópolis. Mas, para um autor abundantemente lido e respeitado na primeira metade do século XX, a pior morte foi a segunda. A pior morte é sempre a segunda. Quem, hoje, lê ou relê Zweig?

Joan Acocella tem alguma razão: Zweig nasceu no ano errado. Como, de certa forma, o inultrapassável P.G. Wodehouse. Falo de 1881. O ano de James Joyce, Virginia Woolf, Pablo Picasso. O ano em que os modernistas chegavam ao mundo, prontos para transformar radicalmente a herança clássica, leia-se "burguesa", do século XIX. Zweig manteve-se: na narrativa, no tom, no *gravitas* tipicamente *Mitteleuropa*, um estranho no seu século estranho. Lido por milhões? Traduzido em todas as línguas possíveis ou imagináveis? A crítica *highbrow* não se comove com o facto. Literatura não é matemática.

Sim, não é. Mas o esquecimento de Zweig também não será propriamente virtude. Acocella lembra *Beware of Pity*, o romance agora relançado nos Estados Unidos e que me rachou a cabeça ao meio pela subtileza do tema: um jovem soldado envolve-se romanticamente com Edith, uma donzela caprichosa e fisicamente mutilada. Envolve-se por pena. Por compaixão. Ou, como diria o poeta, por gentileza. E, também por gentileza, acabará por perder a vida: a vida de Edith e, de certa forma, a sua própria também. A história é convencional, na estrutura e no tom. Não é convencional ao revelar como o amor do soldado existe sobretudo como amor de si próprio. Como amor da sua própria piedade: porque na compaixão pelos outros existe, às vezes e tantas vezes, o sentimento de superioridade pessoal, e moral, que envenena e destrói os seres humanos. Kant, antes de Zweig, explicara.

Zweig também explica. Não apenas nos romances, que me parecem a parte menor da sua obra. Essa pessoal atenção às contradições humanas, à matéria frágil com que somos feitos e desfeitos, encontra-se sobretudo num texto autobiográfico que, se me permitem o excesso, talvez só seja comparável às memórias de Alexander Herzen, um século antes. Desconheço se *O Mundo de Ontem — Recordações de um Europeu* está disponível no Brasil. Sei que está disponível em Portugal, pela Assírio & Alvim.

Seria um abuso, e uma pretensão insana, resumir as memórias de Zweig, escritas no exílio, com a Europa em ruínas e pouco antes da sua aniquilação pessoal. Dizer, como usualmente se diz, que as memórias de Zweig são um catálogo "interessante" de nomes, memórias, confissões, com limitado interesse contemporâneo, é dizer coisa nenhuma. Sim, Zweig conheceu toda a gente que era gente: trabalhou com Theodor Herzl, foi amigo de Rilke, Freud ou Rolland. Mas as memórias são mais do que enumeração onomástica: nas palavras de Zweig encontramos sobretudo o testemunho de uma personalidade invulgarmente reservada e cosmopolita, que se vê subitamente devorada pela história: condenada a construir, e a reconstruir, como um náufrago contra a maré, um espaço de segurança e liberdade que o século XX não lhe permite.

Em *O Mundo de Ontem* encontramos a oposição de dois mundos: o mundo anterior a 1914, tomado ainda por um optimismo gentil; e o outro, que infernalmente se lhe seguiu. Zweig nasceu no crepúsculo de uma era civilizada. E por civilizada pretende dizer-se precisamente isso: uma era que tinha pela cultura uma relação necessária e vital. E que acreditava, erradamente, que a cultura seria a barreira contra a barbárie.

Não foi. Nunca foi. A Primeira Guerra acabaria por ser o primeiro passo para a Segunda. E o que impressiona em Zweig são as descrições dos momentos intermédios: desses momentos de transição em que a luz se vai lentamente ofuscando. Tudo isso é dito, e escrito, com uma força pessoal que dificilmente se esquece. Quando a Primeira Guerra desaba sobre a Europa, lemos (e vemos)

Zweig, num jardim de Viena, com um livro nas mãos e uma orquestra que toca ao fundo. Subitamente, a orquestra pára. A leitura também. Uma brisa gélida, real ou imaginária, sacode as árvores que ofereciam a protecção de uma sombra. Francisco Ferdinando, o herdeiro do trono austríaco, era assassinado em Sarajevo. Nessa suspensão da normalidade está já escrito, e inscrito, todo o destino da Europa.

A Primeira Guerra, ao contrário do optimismo irracional do tempo, não terminou com todas as guerras. Muito menos com a natureza fantasmagórica que, depois de 1914, estaria sempre presente na vida de Zweig: a consciência do pouco que somos e temos quando o mundo conspira — sempre e sempre e sempre — para destruir as nossas últimas ilusões.

E Zweig teve uma última ilusão. Mais propriamente no Brasil, onde se exilou. "O país do futuro", como disse e escreveu? Sem dúvida. Mas essa frase, na sua generosidade simples, e tantas vezes ridicularizada por boçais, revelava um aspecto mais trágico: ao falar do futuro, Zweig já não falava do seu próprio futuro. Falava apenas das gerações que acabariam por vir: gerações que seriam capazes de habitar a natureza física e humana do Brasil sem que o ódio racial, e ideológico, pudesse mergulhá-las nas chamas que consumiam a Europa. Que consumiam a sua pátria, a sua língua. O seu passado. Nem mais. Ao deixar o futuro para o Brasil, Zweig despedia-se do Brasil. Porque os homens carregados de passado acabam sempre por voltar ao local de todas as partidas.

O destino de Petr Ginz
FOL, 11/6/2007

"No próximo ano em Jerusalém", diziam os judeus na Diáspora. Digo eu também: no próximo ano, ou no próximo mês, passem pela cidade e visitem o Museu do Holocausto, o novo Yad Vashem, um prodígio de arquitectura desenhado por Moshe Safdie para explicar o horror aos turistas, partindo do pressuposto de que o horror se explica.

O museu é simples como conceito: um túnel subterrâneo em forma triangular que rasga a montanha de um lado ao outro. O visitante entra pela Avenida dos Justos entre as Nações, um memorial de árvores a todos aqueles que arriscaram a vida para salvar judeus durante a Segunda Guerra Mundial. Como Aristides de Sousa Mendes, cônsul em Bordéus, que assinou milhares de vistos para refugiados contrariando as ordens directas de

Salazar. Depois o turista despede-se da luz e entra literalmente nas trevas.

Escuridão. Salas contíguas que vão mostrando, mais do que explicando, os momentos decisivos que levaram à destruição. Começamos com as comunidades judaicas, plenamente integradas na Europa, antes da década de 30. Mas depois as perseguições têm início com a chegada de Hitler ao poder em 1933; a normalidade é desfeita; e, em 1942, a "solução final" é posta em marcha. Em cada sala, encontramos o testemunho físico do que ficou. Objectos pessoais. Reconstituições de ruas, casas, guetos. Os filmes clandestinos das execuções clandestinas. Testemunhos de sobreviventes. E, na última divisão do túnel, a sala dos que não sobreviveram, chamada "Sala de Todos os Nomes", por nela estarem os nomes das vítimas que foi possível resgatar e relembrar. Existe luz ao centro, onde se ergue uma cúpula onde centenas de rostos olham para nós. Fotos de homens, mulheres. Velhos, crianças. É provável que, entre esses rostos, esteja o de Petr Ginz.

Nascido em Praga, em 1928, Petr Ginz é o autor do último grande diário sobre o Holocausto, uma obra recentemente descoberta e publicada em circunstâncias que desafiam a credulidade humana.

Aconteceu em 2003, quando a nave espacial *Columbia* incluiu na sua tripulação um astronauta judeu e israelita, Ilan Ramon, também ele filho de uma sobrevivente de Auschwitz. Convidado a levar consigo um símbolo da história judaica, e mais precisamente da tragédia judaica, Ramon acabaria por escolher o desenho de uma criança, entre as centenas que o Yad Vashem tem à sua guarda. O autor do desenho era um rapaz checoslovaco de 14 anos, chamado Petr Ginz. E o desenho, uma paisagem lunar — ou, mais precisamente, uma paisagem do planeta Terra, vista a partir da Lua.

O destino do *Columbia* seria funesto: ao reentrar na atmosfera terrestre, no primeiro dia de Fevereiro de 2003, a nave espacial acabaria por explodir. As notícias do desastre correram o mundo. E, com o desastre, o nome dos astronautas, os objectos que levaram na missão e o nome desconhecido de um desconhecido Petr Ginz, o autor do desenho, e que nesse fatídico dia de Fevereiro, se estivesse vivo, completaria 75 anos de idade.

Petr Ginz fora executado em Auschwitz em 1944, com dezesseis anos. Mas, em 2003, quando as imagens do seu desenho ocuparam as primeiras páginas, alguém em Praga reconheceu o traço do autor e contactou o Yad Vashem de Jerusalém. Um anónimo proprietário da nova República Checa encontrara numa antiga casa da capital seis cadernos com textos e desenhos que, com muita certeza, pertenciam a esse tal "Petr Ginz". Seria possível?

Os cadernos foram prontamente analisados pelo museu, que os autenticou como verdadeiros. Mas eles foram sobretudo analisados e autenticados por uma pintora israelita ainda viva, de nome Chava Pressburger. Sessenta anos antes, em Praga, fora ela quem os oferecera a seu irmão Petr, para que ele pudesse desenhar e escrever.

O resultado desta descoberta pode hoje ser lido, e contemplado, em *The Diary of Petr Ginz: 1941-1942*. Encontramos os desenhos, sim, a começar pelo desenho lunar com que Ginz regressou ao mundo dos vivos no dia do seu aniversário, em 2003. Encontramos excertos dos seus cinco romances inéditos, que o pequeno prodígio escreveu entre os 8 e os 14 anos. Mas encontramos sobretudo dois cadernos que descrevem a vida de um rapaz numa Checoslováquia ocupada, entre 1941 e 1942, antes da primeira deportação para o campo de Theresienstadt. E, já no campo, encontramos os artigos que ele escreveu para uma revista que ele próprio editava, de nome *Verdem* ("Nós Lideramos", ou "Nós Venceremos", segundo a tradutora Elena Lappin). E encontramos, finalmente, excertos do diário da irmã, Chava, também ela deportada para Theresienstadt em 1942: são os excertos da sua despedida de Petr, quando este, aos dezesseis anos e "já sem as feições de uma criança", fez a sua última viagem para Auschwitz.

Especialistas sobre a literatura do Shoah estabeleceram de imediato comparações entre o diário de Petr Ginz e a obra célebre de Anne Frank. Entendo a tentação: o diário de Frank é também o produto de uma adolescente que, entre os 13 e os 15, testemunhou por escrito o medo e a destruição em volta. Mas existe uma diferença crucial: o diário de Anne Frank presta-se a uma leitura "literária" porque ele surge escrito com uma preocupação estética evidente. É, se preferirem e no sentido mais estrito do termo, um documento expressivo e "sentimental".

O texto de Ginz é anti-sentimental, mesmo nos seus momentos mais pungentes. Ou, inversamente, o diário de Ginz é pungente precisamente pela capacidade do autor em permitir que o horror absoluto seja sugerido pela ausência, pelo silêncio, pelo não-dito. O tom é contido. A ironia também. Os factos são registrados como factos (como nos diários de Victor Klemperer), com um distanciamento "científico" e impessoal. Como se a obsessão pela verdade impedisse qualquer concessão emotiva.

Mas o que impressiona no diário de Ginz não é apenas a secura do que é dito. Impressiona a forma como o autor vai relatando a gradual contaminação das rotinas diárias por uma inescapável sombra de morte. Nas páginas do diário, encontramos o que é suposto encontrar num rapaz de 14 anos. A escola, a família, os amigos. Os passeios. O registo minucioso dos presentes recebidos no aniversário (um bolo, laranjas, livros de empréstimo). E algumas histórias de humor — como o dia em que os vizinhos, tomados por comoção súbita, abandonaram a ideia de degolar um peru, optando antes por lhe ministrar Veronal. "Mas então o peru, já depenado, despertou subitamente", conta Petr a 20 de Fevereiro de 1942, "e, como estava frio, vestiram-lhe uma camisola, e é assim que ele agora anda pela rua".

São risadas que duram pouco. O horror começa a chegar. Ginz ainda recebe os primeiros sinais com inusitada ironia: se os judeus têm de usar uma estrela na roupa, para sinalizar a sua condição inferior, ele confessa nas páginas do diário que, a caminho da escola, conseguiu contar 69 *sheriffs*. É a cidade de Praga transformada em Faroeste.

Mas depois os vizinhos começam a desaparecer. As deportações chegam (primeiro, à noite; depois, a qualquer hora do dia). Os amigos da escola despedem-se, ou deixam simplesmente um banco vazio. Os familiares conhecem igual destino — um tio, uma avó. E chegam também as proibições oficiais: frequentar cafés; usar transportes públicos; ler os jornais; possuir instrumentos de música, câmaras fotográficas, um simples termómetro para medir a febre. Chega a escassez, chega a fome. E, para Petr Ginz, chega a desumanidade da deportação para Theresienstadt, a primeira etapa para o destino final e letal em Auschwitz-Birkenau. A desumanidade que ele, um rapaz de 14 anos, consegue pressagiar no poema que se segue:

Hoje é claro para todos
Quem é judeu e quem é ariano,
porque é possível reconhecer os judeus à distância
pela sua estrela negra e amarela.
E os judeus assim marcados
têm de viver de acordo com os princípios ditados:

Sempre, depois das oito da noite,
Fica em casa e tranca a porta;
trabalha apenas com uma pá, ou uma enxada
e sem ouvir o rádio.
Não podes ter um rafeiro;
os barbeiros já não podem cortar o teu cabelo;
uma senhora judia, outrora rica,
não pode ter um cão, mesmo pequeno;
não pode enviar os seus filhos para as aulas
e tem de fazer as compras entre as três e as cinco, são as
   ordens.

Não pode ter pulseiras, alho, vinho,
ou ir ao teatro, ou sair para jantar;
não pode ter carros, ou um gramofone,
casacos de peles ou skis ou um telefone;
não pode comer cebolas, porco, ou queijo,
não pode ter instrumentos musicais; ou fôrmas
   para cozinhar;

*não pode ter um clarinete
ou um canário como animal de estimação,
alugar bicicletas ou barómetros,
ter meias de lã ou camisolas quentes.*

*E especialmente o judeu ostracizado
deve largar todos os hábitos do passado:
ele não pode comprar roupas, não pode comprar um único
    sapato,
porque vestir elegantemente não é para ele;
não pode ter aves domésticas, creme de barbear,
ou geleia ou algo para fumar;
não pode ter licença para conduzir, ou comprar algum gin,
ou ler revistas, ou um simples boletim,
comprar doces ou ter uma máquina de costura;
ao campo e às lojas ele não pode ir,
nem mesmo para comprar
um único par de roupa interior,
ou uma sardinha, ou uma pêra madura.*

*E se esta lista não está completa,
é porque há mais, portanto sê discreto;
não compres nada; aceita a derrota completa.*

*Caminha para onde desejas ir,
Mas só à chuva, ao granizo, sob saraiva ou sob neve.
Não deixes a tua casa, não puxes um carrinho de bebé,
Não apanhes um autocarro ou comboio ou eléctrico;
tu não és permitido num comboio veloz;
não tomes um táxi, não te lamentes,
por mais sede que tenhas,
num bar não entres;
as margens do rio não são para ti,*

nem o museu, ou o parque, ou o zôo
ou nadar na piscina, ou ir ao estádio, ou
ir aos correios, ou a uma repartição pública,
ou à igreja, ao casino, ou à catedral,
ou a um público urinol.
E está atento para não usares
ruas principais, e sai das avenidas!
E se desejas respirar algum ar fresco
vai ao jardim de Deus e caminha por lá
por entre as sepulturas do cemitério
porque nenhum parque existe para ti.

E se fores um judeu esperto
irás encerrar a tua conta bancária e também
abandonar outros hábitos
como encontrar os arianos que um dia conheceste.

Ao judeu era-lhe permitido um cabaz,
Uma pasta, uma sacola, uma mala de viagem.
Mas agora ele perdeu todos esses direitos.
Todos os judeus preferem nada ver
e seguir todas as regras
e nada saber.

*

"No próximo ano em Jerusalém", diziam os judeus da Diáspora. Digo eu também: no próximo ano, ou no próximo mês, passem pela cidade e visitem o novo Yad Vashem. É um túnel subterrâneo, sim, mas todos os túneis, por mais longos que sejam, têm sempre um princípio e um fim.

Escrevi anteriormente que o novo Museu do Holocausto termina na Sala de Todos os Nomes, onde centenas de rostos nos contemplam. Erro meu, leitores, pelo qual me penitencio: na verdade, quando deixamos a sala final, ainda existe uma última etapa. O fim do túnel: um balcão que abre directamente para o ar da manhã, para a luz do dia. E para a cidade de Jerusalém, ao fundo. Como uma promessa, uma redenção, um destino. Como uma simples celebração de vida.

É a imagem que fica.

Um génio sem idade
FSP, 4/3/2008

Em Dezembro passado, ao ver uma montagem prodigiosa de *Macbeth*, em Londres, confesso que fixei um momento da peça que merece partilha. Leitores, aproximem-se: trata-se do delírio do rei Macbeth (Patrick Stewart, na peça), que acredita ver o fantasma de Banquo, o barão que ele mandou assassinar, a irromper pelo banquete. Tudo na cena é memorável: o cenário, uma mistura de cozinha com matadouro, sob forte iluminação asséptica, de uma frieza hospitalar. A mesa do banquete ao centro, com os comensais em traje militar e soviético (um "modernismo" tolerável). E, ao fundo, um elevador metálico, que permitia aos actores as entradas e saídas de cena.

Subitamente, o cenário começa a tingir-se de uma luz vermelha, como se houvesse sangue a escorrer pelas paredes O elevador é activado e começa a descer em direção ao palco. Então a porta abre-se (rangendo pesadamente) e, de dentro do elevador, sai Banquo, figura sepulcral, que caminha literalmente sobre a mesa do festim, em direção a Macbeth. E este, perante a indiferença dos comensais (que riem e conversam), aponta para o barão e grita de horror ante a visão da sua própria consciência.

Se fixei a cena, não foi apenas pelas qualidades plásticas (e bem aterrorizadoras) da encenação, que provocou algumas desistências ao intervalo (palavra). Foi sobretudo pela inteligência do jovem encenador Rupert Goold. Na peça, a assombração de Banquo fechava a primeira parte. Mas notável era a forma como se iniciava a segunda: o mesmo cenário, os mesmos comensais, repetindo os mesmos gestos e palavras com que terminava a primeira parte. Como se alguém tivesse recuado o "filme" alguns minutos. E, subitamente, Macbeth volta a apontar (desta vez, para o vazio) e grita novamente de horror.

No fim da primeira parte, o público assistia, por dentro, à alucinação de Macbeth. No início da segunda parte, assistia, por fora, à realidade de Macbeth. Ou, se preferirem, o público tinha duas perspetivas: a do próprio Macbeth e a dos seus convidados perante a loucura aparentemente inexplicável do rei. No meu caderno de notas, escrevi de imediato duas palavras: Nelson Rodrigues.

E se agora relembro a sequência, foi por força das circunstâncias. Em colecção que só pode cobrir um português de inveja, a *Folha* resolveu publicar alguns clássicos da literatura brasileira. Machado de Assis, Lima Barreto, Rubem Fonseca. E o incontornável Nelson Rodrigues, com *Vestido de Noiva*, a peça que practicamente reinventou o teatro brasileiro.

Li e reli a peça nos últimos dias, para escrever uma breve apresentação da mesma. Sempre com desconforto e fascínio crescentes. E o que impressiona em Nelson Rodrigues não é apenas a qualidade da linguagem (inultrapassável nas crónicas) nem as obsessões permanentes do autor, dilacerado por um desejo de pureza e pela certeza de que esta é inalcançável por material humano tão corrupto. O que impressiona é a absoluta modernidade de Nelson.

Em *Vestido de Noiva*, Nelson Rodrigues não se limita a escrever sobre uma mulher, Alaíde, tragicamente atropelada na cidade. Nelson vai mais longe e escreve sobre a consciência dessa mulher: a forma como, habitando um limbo entre a vida e a morte, a mente de Alaíde se desdobra em três planos distintos — realidade, alucinação e memória — capazes de nos revelar a verdade mais profunda sobre ela.

Tal como em *Macbeth*, é na consciência de uma personagem que encontramos os seus desejos, os seus caprichos. Os seus terrores. No caso de Alaíde, a atracção inconfessável pela prostituta Clessi, um símbolo de libertação e de transgressão. A vontade igualmente inconfessável de matar Pedro, o marido. A forma velhaca como usou e abusou de Lúcia, sua irmã, seduzindo o homem que ela amava. E o temor de Alaíde de que Lúcia e Pedro conjuram para assassiná-la.

No plano da realidade, Alaíde está entre a vida e a morte. Mas será Alaíde vítima ou algoz daqueles que a rodeiam? Como em Shakespeare, não interessa apenas a Nelson Rodrigues aquilo que mostramos. Interessa o que mostramos, o que fomos e o que somos. Três estados para uma mesma condição.

Vestido de Noiva foi escrito e encenado em 1943. Ao ler a peça, hoje, entendemos de imediato que ela podia ter sido escrita e encenada na Inglaterra isabelina do século XVI. Ou no Rio de Janeiro dos nossos dias. Ou num dos palcos do West End londrino. É a marca do génio. Porque só os génios não têm idade.

Carta a um jovem esteta
FSP, 8/3/2006

Meu caro Amigo,

Obrigado pela sua carta.
Recebi-a hoje de manhã e fui lendo durante o dia. Sou bicho de compreensão lenta, mas de infinita bondade. Vou responder a todas as suas perguntas, uma por uma, e no final V. envia o cheque. Brinco. Não brinco. Quero mesmo esse cheque. Sim, Rilke tinha vícios baratos.
Pergunta-me V., com sereno entusiasmo, se assisti aos Óscares do passado domingo. Entendo. Os Óscares são o acontecimento mediático do ano. Realizador que é realizador teve, ou tem, a estatueta sobre o armário. Como Capra, que ganhou três. Ou John Ford, de quem ambos gostamos, com quatro. Mas não se esqueça de todos aqueles que morreram sem igual prazer. Citar Fellini ou

Bergman seria demasiado fácil: os europeus não entram na contagem, certo? Mas o que dizer de Chaplin ou Hawks, nomeados uma única vez e ganhadores nenhuma vez? Para não citar Hitchcock (ou King Vidor), que passaram cinco vezes pela passadeira vermelha e voltaram para casa. De mãos vazias.

O problema, porém, é mais fundo. Não vi os Óscares porque, confissão pessoal, nunca fui entusiasta de "filmes políticos". Conhece o género: filmes sobre temas "importantes" que conferem um Ph.D. instantâneo a qualquer analfabeto que entre na sala de cinema. Só este ano, vários conhecidos meus fizeram doutoramentos em história do Médio Oriente (depois de *Syriana* ou *Munique*) e um deles tirou um mestrado em jornalismo (infelizmente, adormeceu a meio de *Capote*). Eu entendo: num tempo em que ler é uma perda de tempo, nada melhor do que a ilusão de que um filme confere sabedoria necessária para entender o mundo.

Infelizmente, não confere. *Boa Noite e Boa Sorte* é filme competente sobre a perseguição aos comunistas na década de 50? Sem dúvida. Mas seria desnecessário que George Clooney apresentasse Annie Moss como faxineira débil e semiletrada perante a inquisição de McCarthy. Annie Moss era membro do PC. Mesmo. Não que isso retire indignidade às perseguições de McCarthy. Mas factos são factos.

E, por falar em factos, entendo a mensagem simpática de *Munique*: não devemos responder ao terrorismo com as práticas próprias dos terroristas. Mas, pergunto ainda, será legítimo colocar no mesmo plano terroristas que matam civis (como nos Jogos Olímpicos de 1972) e agentes policiais que matam terroristas?

Sobre os caubóis gays, nenhum comentário: só um inocente acredita que uma história entre dois homens continua a ser, hoje, o amor que não ousa dizer o seu nome. Pelo contrário: é um amor que não se cala, 24 horas sobre 24 horas, sete dias por semana. Ah, sobra *Crash*, denúncia anti-racista que ganhou o Óscar da noite. Uma confissão a respeito do tema: eu preferia ser imigrante nos Estados Unidos do que em qualquer outra parte do mundo. Europa incluída.

Mas a arte "política" não é apenas simplificadora e ignara. Ela acaba por morrer com o seu tempo porque, precisamente, ela é incapaz de suplantar o seu tempo. Eu acredito que *The Best Years of Our Lives*, Óscar em 1946, seja um documento tocante e pacifista sobre o regresso dos soldados americanos depois da Segunda Guerra. Mas eu aposto que, todos os Natais, não é o filme de Wyler que V. gosta de rever na televisão. É *It's a Wonderful Life*, de Capra, que aliás perdeu o Óscar para Wyler no mesmo ano.

Eu sei que *In the Heat of the Night*, vencedor em 1967, é uma denúncia "corajosa" e "necessária" (é assim, não é?) da tensão racial nos Estados Unidos. Mas, aqui entre nós, não é mil vezes preferível rever *The Graduate*, perdedor no mesmo ano, com uma Anne Bancroft que inicia Dustin Hoffman nos seculares prazeres da cama? Aposto que todas as amigas da sua mãe ganharam aos seus olhos outros contornos. Mais, digamos, humanos. Confesse, confesse.

Meu caro amigo: a grande arte não vive de Bush, do petróleo árabe ou da martirologia gay que faz as delícias das brigadas. A grande arte não vive do ruído que vem, do ruído que passa. A grande arte vive do que é permanente e, se me permite, só a natureza humana é permanente. É com ela que V. terá de lidar. Para que, daqui a uns anos, eu possa ler e reler a sua prosa pela manhã. Como se fosse a primeira vez.

Um abraço imaginário,
João

Transportar com cuidado
FSP, 13/6/2007

O coração é elástico quando somos adolescentes e estúpidos. Esvazio a casa em plena mudança. E encontro, perdidas em gavetas, fotografias e cartas e vestígios de areia que ficaram de verões passados. Amores de um mês, conhecimentos de praia que foram como vieram, mesmo quando nesse tempo tudo parecia eterno e as promessas tinham o peso das declarações definitivas. Eu nunca te vou esquecer, diziam os dois. Despediam-se, choravam, havia uma orquestra imaginária que descia dos céus. As ondas imolavam-se contra as rochas, como num filme de Hitchcock.

Nas semanas seguintes, as cartas trocavam-se com uma urgência só concedida aos amantes nas óperas clássicas. Combinavam-se prazos. Memorizavam-se estações ferroviárias, como nos filmes franceses tão cheios de tristeza e neblina. "Eu estarei lá." Mas a vida intrometia-se entretanto, o Outono chegava para arrefecer os corpos e havia cartas mais esparsas — uma por semana, uma por mês — até só restar silêncio e memória e mais nada.

 Ficaram fotografias. Que será feito desta miúda de Birmingham, que conheci no sul de Portugal, e com quem me via de fraque e cartola a subir ao altar? Tinha o mais belo nome que uma criatura pode ter (Dawn, "madrugada") e as cartas dela, alternando na cor (rosa, azul, verde) e polvilhadas por estrelas brilhantes que se colavam ao papel como maquilhagem nas faces de uma corista, prometiam tudo e exigiam tudo. O mesmo para uma belga, que conheci em circunstâncias semelhantes e que em circunstâncias semelhantes fui esquecendo, ou por quem fui esquecido. Imagino-as casadas, hoje, e na limpeza sazonal da casa, talvez na fase do divórcio, uma delas encontrará a fotografia perdida de um adolescente português. Alguém perguntará quem é o personagem do retrato. Elas dirão que não sabem, ou não se lembram. E sorrirão por dentro, como normalmente sorrimos com um segredo, ou uma piada privada.

 O coração é elástico quando somos adolescentes e estúpidos. Morremos várias vezes, ressuscitamos várias vezes. Usamos e abusamos desse músculo que bate apressadamente no peito como um tambor festivo porque acreditamos que a festa é móvel, como na Paris de Hemingway, um carrossel que não pára nunca, e que cada tristeza será redimida por uma nova alegria triste.

 Mas envelhecemos. O coração bate mais devagar. As ondas não rebentam contra as rochas ao som da orquestra: são agora espuma lenta e cansada, como nós, e apenas se exaltam com a regularidade cósmica de um ciclo lunar. Arrumo tudo numa caixa e pergunto se vale a pena. Sim, se vale a pena levar o passado comigo e arrumá-lo num sótão, que será um dia revolvido por filhos ou netos. Não vale a pena.

Mas então o homem das mudanças entra em casa e avisa que o carro está à espera. E pergunta se a última caixa é para levar. O coração só é elástico quando somos adolescentes e estúpidos. Sorrindo por dentro, como sorrimos com um segredo, ou uma piada privada, digo que sim, que é para levar. Mas aviso: transporte com cuidado, por favor. Nada é mais frágil do que o passado.

Cronistas
FOL, 20/3/06

Os cronistas morrem com dignidade. Conheço vários. Art Buchwald é apenas o último moicano. Minto. Não sei se Buchwald morreu nos últimos dias, nas últimas horas, nos últimos minutos. Provavelmente. A situação é a seguinte: Art Buchwald, o lendário cronista do *Washington Post*, está a morrer. Os rins deixaram de funcionar. E fazer hemodiálise não é, como dizem os brasileiros, a praia de um cronista que se preze. Sofrimento e indignidade? Aos oitenta? Não, obrigado. Buchwald prefere esperar. Esperar, vírgula: fazer o que sempre fez durante cinquenta anos e ao longo de oito mil colunas. Escrever. Crónica diária, ou quase, sobre os dias do fim. A morte não nos torna mais sábios. Mas seria aconselhável que não nos tornasse mais medrosos. Nem heróis, nem cobardes. Normais. As crónicas de Buchwald são uma forma digna de manter a rotina.

Art Buchwald não é caso único. E os contornos desta morte — rins que dizem adeus, pernas amputadas pela doença, escolha consciente do fim — obrigam-me a recuar. Aconteceu em 1997, quando morria, em Londres, Jeffrey Bernard. Opinião pessoal: considero Bernard o mais brilhante cronista das últimas décadas e estou a incluir no cardápio a prosa de Peter Simple, Auberon Waugh e do próprio Art Buchwald. Mas Bernard é outra história.

Aliás, Bernard foi outra história. Nasceu bem, ou razoavelmente bem, no seio de família com aspirações artísticas — mãe cantora, pai arquitecto — e com sonhos respeitáveis para o filho. O filho tentou e falhou: a disciplina da vida militar era incompatível com a descoberta da Disneylândia. E a Disneylândia, para Bernard, foi o bairro boémio de Londres, o Soho, onde entrou depois da Segunda Guerra e de onde, para sermos exactos, nunca mais saiu.

Fácil perceber porquê. O Soho era casa de vida e bebida para Dylan Thomas, que num dos bares deixou esquecido *Under Milk Wood*, o último e definitivo dos seus trabalhos; por lá andavam, igualmente, os pintores Francis Bacon e Lucian Freud, que encontraram no Soho a fauna das suas artes; e ainda era possível ouvir o jazz de George Melly ou Ronnie Scott; assistir ao teatro de Brendan Behan; sem esquecer os lábios, e os olhos, de Lady Caroline Blackwood, que serviu de musa, e de tusa, para gerações sucessivas de vagabundos românticos.

Bernard foi observando. E bebendo. Muito, e muito, e muito. Começou por escrever sobre corridas de cavalos e toda a vida apostou em corridas de cavalos. Ganhou.

Perdeu. Foi preso. Prostituto, ladrão. Mulheres, várias. Homens, alguns. Smirnoff, bastante. Mozart, também.

Mas o lendário Bernard acabaria por nascer com lendária coluna na revista inglesa *The Spectator*, corria 1975. A coluna, "Low Life", era simplesmente o relato da baixa vida de Bernard. Mulheres. Copos. O Soho e seus personagens. Casamentos. Divórcios. Mais casamentos e mais divórcios. E mais copos. Doenças. Delírios. Entrevistas imaginárias. Boxe. A amizade com Graham Greene. Copos novamente. Diabetes. Uma perna amputada. Natais solitários. A decisão de evitar a hemodiálise (como Buchwald). A espera serena da morte. O próprio obituário, que ele escreveu antes de.

Só que a coluna de Bernard era mais do que isso: era uma visita guiada ao naufrágio de um ser humano sem o tom reles e ressentido de Charles Bukowski. Bernard, com a leveza de um *dandy* e a rudeza de um aristocrata, soube transformar esse naufrágio em algo de sublime: uma longa confissão, irónica e ironicamente terna, com breves paragens, ou passagens, pelo hospital. Quando os internamentos aconteciam, a coluna surgia em branco, com letras negras: "Jeffrey Bernard is Unwell". Os leitores já sabiam: nas semanas seguintes, Bernard regressaria do hospital para contar como foi. Regressou sempre. Até ao dia em que as palavras clássicas foram substituídas por outras. "Jeffrey Bernard is Dead". Correu a cortina.

O que ficou? Ficou retrato na National Portrait Gallery: o único cronista em dez séculos de história. Ficou uma biografia de Graham Lord, *The Wives and Times of Jeffrey Bernard*. Ficaram dois volumes de crónicas que deveriam ser obrigatórios para qualquer leitor ou cultor do género:

Low Life e *Reach for the Ground*. O primeiro tem prefácio, tolerável, de John Osborne. O segundo, deslumbrante, de Peter O'Toole, amigo de uma vida inteira, que vestiu Bernard nos palcos do Old Vic de Londres. Título da peça? Claro: *Jeffrey Bernard is Unwell*. Eu vi, mudo e quedo.

Aliás, eu vejo ainda: regresso a Bernard sempre que posso. A sua crónica *Trivial Pursuit* é uma das razões, provavelmente a principal razão, por que descobri a Disneylândia das rotativas. É a Capela Sistina do jornalismo e, acreditem, quem escreve assim tem a Capela Sistina no topo da cabeça. E regresso também ao Soho: entro no bar Coach and Horses, na Greek Street, que foi a casa de Bernard durante anos, e as histórias ainda correm entre leitores, admiradores e herdeiros.

Como, aposto e garanto, irão correr sobre Buchwald, quando a luz se apagar e a coluna sair em branco. Brindo a ambos. Com esta coluna ainda cheia, e tão portuguesa, e tão brasileira.

P.S. — Art Buchwald acabaria por falecer nove meses depois deste texto, a 17 de Janeiro de 2007.

II.
CHORINHOS

As antielites do Brasil
FSP, 4/9/2005

É impossível aterrar em São Paulo e não visitar a Daslu, esse *shopping-bunker*, nas palavras do jornalista Alcino Leite Neto. Não fujo à regra e, em plena Vila Olímpia, o *bunker* ergue-se para mim. Imponente. Prepotente. E tão vulgar que até dói: 20 mil metros de luxo exclusivo, rodeados por miséria e desolação.

Entendam: nada tenho contra o luxo. Contra? Por Deus: uma tarde em Savile Row é a minha ideia de Disneylândia. Gosto do luxo como Carmen Miranda gostava da sua salada de frutas. Cometo as minhas loucuras como qualquer burguês indecente, decadente, indolente. E Marx que vá para o inferno: nem só de pão vive o homem. A matéria sempre foi terrivelmente desinteressante.

Mas a Daslu é diferente. Não é apenas chocante pela sua grotesca vulgaridade. É também a expressão material de um espírito e de uma atitude: a atitude das "elites" brasileiras na cara do povo ignaro que as rodeia. Uma atitude de ostentação e, em certos casos, de humilhação como forma de identidade social. Compro, logo me afirmo. Humilho, logo sou.

O fenómeno não se limita a um *shopping*. Abrange as relações sociais mais mundanas. Comportamento em restaurantes. Em supermercados. Em pequenas lojas do centro. No trânsito da cidade, em trânsito pela cidade. Oscila entre a náusea e a humilhação perante os mais pobres. Uma náusea e uma humilhação que aumentam à medida que a cor da pele escurece. Só falta mesmo o chicote — em sentido físico, claro, porque psicologicamente, verbalmente, socialmente, ele já está lá. Resquícios do colonialismo e da escravatura? Talvez. Darcy Ribeiro, por exemplo, explica.

Aliás, não apenas Darcy Ribeiro: comento as minhas impressões com amigos paulistanos, colegas de ofício neste mundo das rotativas, e a ideia é reforçada. Sim, as "elites" são ostentatórias, prepotentes, grosseiras. Profundamente racistas. Herdeiras da mentalidade Casa Grande e dispostas a subjugar as senzalas modernas com os vícios dos velhos colonizadores. Entendo. Mas, se me permitem, discordo de um ponto essencial: é um erro olhar para as "elites" brasileiras como se elas fossem verdadeiras elites. Pelo contrário: as chamadas "elites" são, na verdade, antielites. Elas encarnam valores e perversidades que uma elite, em sentido clássico, manifestamente repudia e despreza. Convém começar pelo princípio.

E começar pelo princípio é começar por Platão, provavelmente o primeiro grande pensador a reflectir sobre o papel das elites numa comunidade política. Sim, eu sei: leituras várias de Karl Popper acabam por pintar Platão com cores demoníacas. Um tirano que, profundamente seduzido por Esparta, sobretudo depois da derrota de Atenas no Peloponeso, ergueu um projecto de sociedade utópica, totalitária, onde o rei-filósofo comanda as massas.

Um pouco de calma. A interpretação de Popper em *A Sociedade Aberta e os Seus Inimigos* é apenas uma entre várias. Na verdade, a *República* platónica pode ser lida, e deve ser lida, em sentido metafórico. "O que é uma comunidade justa?", perguntava Platão pela boca de Sócrates, seu mestre. Resposta: uma comunidade justa é aquela onde os melhores governam com sabedoria. O argumento não é quantitativo. Não existe aqui qualquer conspiração dos poucos para dominar os muitos.

O primeiro critério é qualitativo: são os melhores que governam, não os poucos. E os melhores são aqueles que, prescindindo dos seus interesses particulares, contribuem para o todo social depois de uma educação longa e virtuosa. Uma educação que permite olhar para a Cidade como realidade colectiva, não como possibilidade de enriquecimento, ou engrandecimento, pessoal.

É preciso limpar as teias de aranha marxistas: tradicionalmente, falar de elites pressupõe falar desta particular virtude, ou sentido de virtude, que tende a dar prioridade ao público sobre o privado. E de onde vem essa virtude? A virtude nasce de um sentido de dever para com os outros: esse "afecto natural" de que falava Shaftesbury e, depois dele, todos os herdeiros do Iluminismo escocês.

Somos humanos; logo, tratamos os outros como humanos. Partilhamos uma natureza comum e essa essencial humanidade é o primeiro dos nossos deveres. Só isto permite alimentar virtudes sociais — virtudes de civilidade social que garantem a necessária confiança para que as gerações presentes possam passar o seu testemunho às gerações vindouras. Sem essas virtudes, sem essa confiança, a comunidade política está condenada à desagregação mais violenta.

Não pensem que esta ideia de virtude "platónica", ou "aristocrática", decisiva na formação da cultura ocidental, limitou-se, apenas, ao período pré-revolucionário, ou seja, anterior à Revolução Francesa de 1789. Desde logo porque os acontecimentos da Bastilha, contrariamente ao que afirmam as ortodoxias de esquerda ou de direita, não se fizeram contra as "elites": fizeram-se contra uma falsa elite que Luís XIV, um século antes, destruíra para sempre.

Em meados do século XVII, Luís XIV, ao resolver concentrar o poder em Versalhes, sobretudo numa máquina burocrática mais moderna (e mais burguesa), retirava à velha aristocracia o seu papel tradicional, embora mantendo os seus privilégios fiscais. Na essência, Luís XIV produzia uma nobreza odiosa e inútil, ou seja, começava a cavar a sepultura de Luís XVI. Em 1789, a França, em rigor, já não tinha uma elite; tinha uma falsa elite, tinha uma antielite, que se tornara dispensável.

Alexis de Tocqueville percebeu o drama essencial do seu país: como a ausência de elites credíveis arrastara a França para o abismo. Mas Tocqueville percebeu mais: percebeu que a nova era democrática, que ele via nascer nos Estados Unidos e que descreveu em obra célebre, não podia dispensar as velhas virtudes "aristocráticas" capazes de fortalecer qualquer ideal republicano. Para que a nova era igualitária não devorasse a liberdade essencial dos seres humanos, seria necessário que os melhores soubessem governar para todos, com sabedoria, humildade e compaixão.

É preciso refazer a tese: o problema do Brasil não está nas suas elites porque, ironicamente, o Brasil não tem elites. Tem antielites, incapazes de pensar o país como espaço comum. Ou, adaptando a linguagem teórica para a realidade prática, o Brasil tem uma falsa elite que, em matéria política, prefere colocar os interesses particulares e partidários à frente dos interesses do país. O preço a pagar é inevitável: quando o dever cívico se destrói, destrói-se a confiança e o futuro do Brasil.

Em *O Afeto que se Encerra*, livro de memórias que Paulo Francis publicou em 1980, o jornalista conta a certa altura uma viagem de automóvel com Samuel Wainer pela manhã carioca, depois de uma noite de intenso trabalho. O carro pára no sinal e ambos contemplam alguns populares que chutam uma bola de trapo. Samuel Wainer, provavelmente dominado pelo cansaço, comenta, em melancólico suspiro: "Eles querem tão pouco, e lhes negamos." Mais importante do que construir "esquemas" ou "paradigmas" de "engenharia social", é necessário começar pelo pouco que é negado. Respeito. Sim, essa palavra antiquada sem a qual nada existe ou resiste.

Engana-me que eu gosto
FSP, 12/9/2007

Espantoso: a revista *Vanity Fair* já publicou Dorothy Parker ou Robert Benchley. Hoje publica A.A. Gill, jornalista que visitou o Brasil para escrever um texto que dá pena. Diz Gill, com erudita sofisticação, que existem dois povos no mundo. Os que gostam de seios e os que gostam de "bundas". Os americanos gostam de seios. Grandes. Enormes. Os brasileiros preferem as "bundas". O filósofo Gill gosta de brasileiros, ou seja, gosta de "bundas". E oferece um ensaio onde está o supremo clichê sobre o Brasil: apesar do crime, das favelas, da corrupção política e do fosso miserável entre ricos e pobres, o Brasil é só alegria. O Brasil é só "bundas".

Será? Há uns meses, em Lisboa, comentei o facto com uma actriz brasileira que conhece por dentro as manifestações de alegria que o Brasil oferece ao mundo. E perguntei: era impressão minha ou a alegria do Brasil vinha sempre embalada numa tristeza funda — a tristeza própria de quem ri para não chorar?

Ela gostou da pergunta e contou uma história apropriada: a história de como os cariocas transbordam de agrado para as câmaras durante o Carnaval, mas regressam à melancolia sincera quando as câmaras se apagam. Questão de segundos. Ela própria presenciara o fenómeno repetidas vezes numa única noite: o sorriso, o festejo automático, a vibração do corpo perante as lentes; e, quando as lentes se afastam, o desânimo progressivo, o desencanto e finalmente a solidão. A imagem é perfeita como comentário de outra imagem: a imagem que os brasileiros constroem de si próprios para iludir a realidade em volta.

É um problema de estima. De "auto-estima", a palavra fatal que acabou por substituir outra. "Auto-respeito." Não são a mesma coisa. Montaigne explica. A estima pressupõe o olhar dos outros sobre nós. O respeito pressupõe o olhar de nós sobre nós próprios. A auto-estima depende da opinião alheia. O auto-respeito depende da opinião pessoal: de aceitarmos o que somos sem a obrigação tirânica de sermos o que os outros esperam que sejamos. Para Montaigne, é o auto-respeito que permite uma felicidade serena, ou possível. A auto-estima, porque dependente de terceiros, é volátil como o vento. E gera uma insatisfação voraz que transforma qualquer ser humano num escravo.

Os brasileiros vivem para os outros, não para si próprios. E a constante preocupação com a imagem — uma imagem radiosa, perfeita e feliz — é apenas a expressão mais visível dessa escravidão: com menos rugas; mais seios; mais "bunda"; melhor nariz; e com a máscara jubilosa de quem passa pela vida a sambar, talvez a realidade seja sublimada, ou apagada. E talvez a tristeza não venha quando as câmaras se apagam.

Mas a tristeza vem quando as câmaras se apagam. Porque ela sempre esteve lá. E a realidade permanece intocada pelo som efusivo do pandeiro: crime, favelas, corrupção política, o fosso miserável entre ricos e pobres. E a obrigação pessoal, e crescente, e permanente, de sorrir para as câmaras. De sorrir para os outros.

Até quando, Brasil? Até quando negarás que não existe coisa mais triste do que a alegria do teu povo?

Relógio é ofensa
FOL, 15/10/2007

Era Winston Churchill, creio, quem dizia que a falta de pontualidade era um hábito vil. Churchill nunca conheceu o Brasil. No Brasil, não é a falta de pontualidade que é um hábito vil. É a própria pontualidade.

Aprendi a lição à minha custa, depois de vexames sem fim: alguém me convidava para jantar lá em casa às oito da noite. Eu aparecia às oito (com vinho, com flores). A anfitriã recebia-me à porta e, com cara de quem presenciara uma catástrofe, disparava: "Ué, você veio tão cedo?" E depois acrescentava que:

a) O jantar só era às oito (*sic*);
b) A casa não estava arrumada;
c) O jantar não estava pronto;
d) Ela não estava pronta;
e) Os convidados ainda não tinham chegado.

Mas chegavam. Pelas dez, onze, alguns à meia-noite, perguntando se não tinham chegado demasiado cedo. Por estas alturas, eu já dormia a um canto. De cansaço e vergonha. Desconfio que, algures pela casa, alguém conspirava contra mim:

— Sabes que eu disse ao português para ele chegar às oito e ele chegou mesmo às oito?

— A sério?

— A sério. Ele deve ter algum problema...

No Brasil, um jantar às oito não é propriamente um jantar às oito. "Oito da noite" é uma indicação vaga que significa simplesmente "depois do pôr-do-sol". Uma espécie de celebração naturalista que, em certos casos, nem sequer necessita de uma hora. A marcação do jantar fica dependente de um "mais logo". E quando nós, europeus obsessivos e pontuais, perguntamos "mas logo, quando?", alguém reitera: "às oito".

A solução, acreditem, é juntar duas horas à hora marcada. Um jantar às oito é um jantar às dez. Um almoço ao meio-dia começa, em princípio, às duas da tarde. Tomar uma cerveja no bar não é às quatro; é às seis. Toda a gente sabia disso. Menos eu.

Por isso estranho a polémica em torno do apresentador Luciano Huck, que teve o seu Rolex roubado em São Paulo. Huck não gostou e pede soluções radicais para combater a criminalidade na cidade. Entendo Huck. Eu próprio já fui roubado em São Paulo com uma arma apontada à cabeça. E no *lobby* de um hotel. Não é agradável. Mas pergunto se não houve alguma justiça no roubo do seu Rolex.

Não concordo com algumas opiniões publicadas que acusaram Huck de exibicionismo deslocado, como se a vítima fosse culpada por ser vítima. Eu próprio ouvi em São Paulo confissões de vítimas que desculpavam os assaltantes com as teses mais inacreditáveis.

"Eu estava bem vestido naquele dia."

"A culpa é minha, eu tinha tomado banho."

"Eu mereço, eu vivo em São Paulo."

A culpa de Huck está no simples facto de usar relógio, sobretudo num país onde o relógio é uma ofensa para a cultura local. É como usar uma *t-shirt* de George Bush em Caracas. Ler a *Playboy* em Teerão. Ser heterossexual em São Francisco.

Ou ser um português nos trópicos. Esqueçam os bandidos tradicionais. Roubar um relógio, no Brasil, não é crime vulgar; é afirmação de identidade. O meu conselho a Luciano Huck é que ele procure o seu Rolex na casa da minha anfitriã paulistana. Ela não gosta de pontualidade.

Caros senhores terroristas
FOL, 24/7/2006

Começou a época das manifestações. Leio agora que, só em Londres, milhares de pacifistas saíram à rua para marchar contra a guerra no Médio Oriente. Nada a opôr. Marchar contra a guerra é simpático. Mais ainda: é cómodo. Vocês podem não saber nada sobre o conflito, nada sobre as razões do conflito, nada sobre as consequências do conflito. Mas são contra. Ser contra é a absolvição do pensamento: uma forma tranquila de colocarem a flor na lapela do casaco e mostrarem a vossa vaidade moral ao mundo. Hitler invadiu a Polónia, exterminou milhões de judeus e procurou subjugar um continente inteiro? O pacifista é contra. Contra quê? Contra tudo: contra Hitler, contra Churchill, contra Roosevelt. Contra Aliados, contra nazis. E quando os nazis entram lá em casa e preparam-se para matar o pacifista, ele dispara, em tom poético: "Não me mate, sr. nazi! Não vê que eu sou contra?" É provável que o nazi se assuste com a irracionalidade do pacifista e desapareça a correr.

Capitão: "Eu não o mandei matar o inimigo?"
Soldado: "Sim, meu capitão. Mas ele era contra. Fiquei com medo."

O pior é que os pacifistas que saíram à rua não são contra tudo. Eles só são contra *algumas* coisas, o que torna o caso mais complexo e, do ponto de vista paranóico, muito mais interessante. Lemos as palavras de ordem e ficamos esclarecidos. "Não ataquem o Irão." "Liberdade para a Palestina." "Tirem as mãos do Líbano." Imagino que alguém deixou em casa as frases sacramentais. "Irão só quer paz." "Hezbollah é gente séria." "Israel é racista; não gosta de mísseis." Esta última eu entendo. Israel retirou do Líbano em 2000. Retirou de Gaza em 2005. O Líbano e Gaza, depois da retirada, transformaram-se em parque de diversões para terroristas do Hezbollah e do Hamas (leia-se: do Irão e da Síria) que tinham por hábito sequestrar soldados israelitas e lançar rockets para o interior do estado judaico. Israel, inexplicavelmente, não gostava de apanhar com mísseis na cabeça, marca visível da sua intolerância. Os pacifistas de Londres deviam denunciar essa intolerância: um Estado que retira dos territórios ocupados e, ainda por cima, não gosta de ser bombardeado, não merece o respeito da "comunidade internacional".

E a "comunidade internacional" não respeita. Desde o início das hostilidades, no sul do Líbano, regressaram acusações conhecidas de "desproporção" e "matança indiscriminada de civis". Apoiado: as acusações, não os ataques. Se Israel não gosta de ser bombardeado, devia refrear os seus ímpetos belicistas e escrever uma carta aos senhores terroristas. Para explicar o desconforto da situação. Exemplo:

Caros senhores terroristas,

Boas tardes.

Nós sabemos o quanto vocês gostam de bombardear as nossas cidades, apesar de termos voluntariamente retirado dos vossos territórios. Longe de nós condenar a forma gentil como gostais de matar o tempo. Mas lançar rockets para o interior de Israel não mata só o tempo; também mata pessoas que estão nas ruas, nos mercados, nos cafés. Seria possível parar com esse desporto?

Nós, judeus, sabemos que o pedido é excessivo, na medida em que, segundo opiniões dos senhores terroristas, nós compreendemos e até respeitamos, desde 1948, ano da fundação de Israel, que nós não temos qualquer direito à existência. Mas não seria possível chegar a um entendimento, apesar da palavra "entendimento" ser ofensiva para a cultura dos senhores terroristas? Dito ainda de outra forma: não seria possível que o lançamento de rockets ocorresse apenas em dias salteados? Por exemplo: às segundas, quartas e sextas? Os sequestros seriam apenas às terças e quintas, de preferência mais ao final da tarde, depois da saída do trabalho, para deixar o jantar já pronto.

O pedido pode parecer excessivo mas gostaríamos de lembrar aos senhores terroristas — e, por favor, não vejam nas nossas palavras qualquer crítica — que nós tivemos essa gentileza: avisar as populações civis de que o sul do Líbano seria atacado, pedindo-lhes que se retirassem. Estamos conscientes, e por isso nos penitenciamos, que esse aviso às populações civis acaba por retirar valioso material humano que os senhores terroristas gostam de usar como escudo para exibir na televisão. Mas não seria possível substituir seres humanos por sacos de areia, mais fáceis de usar e controlar?

Uma vez mais, queiram-nos perdoar a ousadia da sugestão. Estamos certos de que a racionalidade das nossas propostas será recebida com a irracionalidade dos vossos propósitos.

Depois, era só enviar a carta e, estou certo, esperar pela resposta. Que viria, como vem sempre, voando pelos ares.

Santa loucura
FOL, 18/9/2006

Mais cedo ou mais tarde, tinha de suceder. Sucedeu. O Papa Bento XVI visitou uma antiga universidade alemã e resolveu falar sobre as relações difíceis entre a fé e a razão. Digo "relações difíceis", mas Ratzinger discorda: para Bento, não existe nenhuma incompatibilidade entre a "fé" e a "razão" porque a razão é uma dádiva de Deus. A tese não constitui uma originalidade do actual Papa. É tese ortodoxa da Igreja Católica e, mais, foi precisamente um tal entendimento que permitiu a emergência da (expressão perigosa) "civilização ocidental": do renascimento carolíngeo à cultura monaquista da Idade Média (que salvou os textos clássicos que era possível salvar), o convívio entre as coisas do espírito e os trabalhos da mente contribuiu para a fundação das primeiras universidades (de Bologna a Paris) e até para lançar as bases do pensamento científico. Como? Pela "despersonalização" da natureza. Ao contrário do que sustentavam as antigas culturas animistas, a ideia de um universo criado por Deus implica a ideia de um criador que dotou o mundo de leis que só a razão humana pode descobrir.

É nesse contexto que se entendem as palavras de Bento XVI: se a "fé" é compatível com a "razão", então a violência religiosa é irracional, ou seja, contrária a Deus. E, para ilustrar o ponto, Bento citou o debate entre o imperador bizantino Manuel II Paleólogo e um sábio persa: "Mostra-me então o que Maomé trouxe de novo", afirma o imperador do século XIV. "Não encontrarás senão coisas malignas e desumanas, tal como o mandamento de defender pela espada a fé que ele pregava." O ponto não era denunciar o Islão, que o Papa reconhece e defende (lembrar os *cartoons* da Dinamarca e a posição do Vaticano sobre eles). O ponto era denunciar que a violência religiosa é "maligna" e "desumana", ou seja, contrária ao espírito divino.

Fatalmente, os tempos não aconselham racionalidade ou debate. E o Islão radical, para provar que não é violento, prometeu logo actos de violência — um belíssimo paradoxo capaz de derrotar qualquer filósofo. No Egipto, a impoluta Irmandade Muçulmana promete congregar a ira de todo o Islão contra os novos "cruzados" que Ratzinger alegadamente comanda. Na Turquia, já há quem compare Bento a Hitler e a Mussolini pela intolerância da visão. Marrocos mandou retirar o seu embaixador do Vaticano (enquanto, no Iraque, há quem defenda um ataque ao Vaticano). Mas a loucura máxima veio do Sudão. Esclarecimento prévio: há vários anos que o governo (muçulmano) de Cartum massacra sem limites as populações cristãs (e animistas) do sul — um cenário de terror que, à imagem do Ruanda, terá um dia direito a filme de Hollywood e à pergunta sentimental: "Como foi possível deixar que aquilo acontecesse?" Agora, um xeque local deseja a cabeça de Ratzinger, na melhor tradição Rushdie. E na melhor tradição indígena.

Comentários? A loucura, por definição, não se comenta. E seria, no mínimo, aberrante que o Papa viesse publicamente penitenciar-se perante a ignorância do fanatismo. Pelo contrário. Se alguma atitude Ratzinger deveria ter, era a de lembrar os milhões de cristãos e católicos que, da Arábia Saudita ao Paquistão, do Iémen ao Irão, da Nigéria ao Sudão, continuam mergulhados na sua condição de *dhimmis*, ou seja, cidadãos de segunda, desprovidos de direitos mínimos e, não raras vezes, condenados à prisão, à tortura e à morte por apostasia ou blasfémia.

Para início de desculpas, que tal isso como desculpa?

Santo Saddam
FSP, 3/1/2007

Saddam era um anjo. O enfermeiro que cuidou dele até o fim contou a um jornal americano que Saddam gostava de regar as plantas da prisão, alimentar os pássaros com as sobras do almoço e escrever poesia nas horas, digamos, vagas. Eu já sabia que Saddam tinha gosto pela prosa. Li um romance, em tempos, que considerei superior aos últimos Saramagos. Mas desconhecia esta veia poética.

O único elemento que talvez, repito, talvez comprometa o processo de canonização em curso é o vício do homem por charutos. Segundo o enfermeiro, Saddam fumava por motivos de saúde. Para baixar a pressão. A pressão, estranhamente, baixava. Não sei o que dirão as patrulhas antitabágicas deste vergonhoso hábito. Mas num mundo onde os fumadores habitam os terrenos da criminalidade, presumo que o charuto seja mesmo a única prova que justifica a forca. Porque o resto é um hino à santidade.

Basta recuar uns anos para entender como este Saddam bucólico e final já cultivava as virtudes celestiais que tanto comoveram o enfermeiro e, a julgar pelos media, o mundo em volta. Em 1988, por exemplo, com a Guerra Irão-Iraque perdida, o futuro alimentador de pássaros já mostrava certo talento como alimentador de curdos. Não necessariamente com as migalhas do almoço; mas com armamento químico, enviado directamente dos céus. Morreram 5.000 pessoas. Velhos, mulheres, crianças. E 10 mil ficaram num estado que, creio, é incompatível com metáforas poéticas.

Não foram casos únicos. Com espantoso humanismo, Saddam também tinha por hábito premiar conspiradores, reais ou imaginários, com chacinas em massa. Um desporto que aprendeu com Estaline, seu herói e modelo. Em 1982, na aldeia xiita de Dujail, mandou torturar e matar 148 "conspiradores", depois de uma tentativa de homicídio falhada contra a sua divina pessoa. E em 1990, ao invadir o Kuwait por capricho, Saddam prenunciava igualmente o talento posterior para regar plantas: as descrições de civis regados com ácido fariam as delícias do enfermeiro e do coro internacional que transformou Saddam em santo.

Nada disto justifica a pena de morte?

Pessoalmente, a pena capital não faz o meu género. É bárbara. É inútil. Não acrescenta rigorosamente nada ao caos em que o Iraque vive, embora seja duvidoso que o possa agravar. Mas convém não desiludir o sentimentalismo reles que se instalou pelo mundo com a execução de um dos mais brilhantes criminosos da História.

Para começar, lembro que o julgamento foi iraquiano, feito por iraquianos, testemunhado por iraquianos, exactamente como se pediu no momento da captura. Não foi perfeito? Facto. Mas talvez tenha sido mais perfeito do que o tipo de justiça que Saddam ministrava às suas vítimas. E um pouco mais elevado do que a selvajaria penal islâmica que reina em toda a região e que não parece comover o auditório casto.

E, para acabar, recordo que não existe santidade sem martírio. Ao ler e ouvir a simpatia dedicada a Saddam, mas não obviamente às vítimas de Saddam, desconfio que o novo mártir era tudo aquilo que o Ocidente precisava para continuar a se odiar com paixão e zelo.

Combates de boxe
FOL, 13/6/2005

Bob Geldof aparece em cena para anunciar o Live 8, *megashow* a 2 de Julho em cinco cidades mundiais, com marcha para a Escócia logo a seguir, onde o G-8 se reúne. Bob Geldof está disposto a salvar África. Mas, perguntam vocês, quem está disposto a salvar África de Bob Geldof? Numa conferência de imprensa puramente imaginária, J.P. Coutinho confronta o famoso *Sir* com duas ou três questões sobre o assunto.

— Olá, Bob. Tu estás mais magro, rapaz!

— Passo fome, Coutinho. Solidariedade.

— Óptimo. Eu, não. Escuta, Bob: no próximo dia 2 de Julho, em cinco cidades mundiais, haverá concertos rock a favor de África. **Consegues explicar qual a relação entre concerto rock e combate à fome?**

— Fácil: nós, músicos, não vivemos de ar e vento. Precisamos de comer. Tocar música é a nossa vida e, depois do concerto, haverá sempre discos, vídeos, *merchandising*. Quando fizemos o primeiro Live Aid, em 1985, Madonna não comia há duas semanas. "Like a virgin", dizia ela. E eu passava os meus dias com *fish'n'chips*. Uma nojeira.

[suspiros na sala; o cantor Prince murmura: *"You sexy motherfucker..."*]

— **Sim, mas eu estava a falar da fome da África, não da tua, malandro** [*risos*].

— [*risos*] Sim, eu sei, estava a brincar, Coutinho. É preciso despertar consciências para o drama dos países africanos: o Sudão, a Somália, a Albânia, por aí.

— **Bom, geografia não é o teu forte. Nem economia, *by the way*. Nos últimos cinquenta anos, o mundo enfiou 550 bilhões de libras no continente. Cinquenta anos depois, o continente está mais pobre. O que fazer, Bob?**

— Só vejo uma solução: duplicar, triplicar, quadruplicar a ajuda. Temos de ajudar mais e eu quero 50 milhões de libras nos próximos anos!

[gritos na sala· "Eu também quero! Eu também quero!"]

— Entendo, Bob. Mas não será ao contrário? Sobretudo quando, por cada dólar enviado para África, 80 cêntimos terminam na conta bancária dos seus líderes?

— Oitenta cêntimos? Mas isso é um escândalo. Tu consegues viver com 80 cêntimos?

— Hum. Deixa estar. Falaste há pouco do Live Aid, que em 1985 pretendia ajudar a Etiópia. Qual a principal lição desse evento?

— Felizmente, aprendi uma coisa muito importante: nunca mais convidar os Dire Straits para nada.

— Eu estava a falar da situação na Etiópia. Tu sabias que a fome etíope foi o resultado directo das campanhas militares do general Mengistu, que utilizou a fome como arma de guerra (destruindo colheitas, mercados, vias de comunicação)? E sabias ainda que foi ao general Mengistu que a ajuda do Live Aid foi entregue? Ou seja: não é um pouco absurdo entregar dinheiro ao principal responsável pela tragédia do seu povo?

— [*Bob Geldof, lutando contra o sono*] É preciso ajudar, é preciso ajudar...

— Bob, tu sabias que alguns dos países mais necessitados do momento — como a Nigéria, a Libéria ou o Congo — possuem recursos naturais incalculáveis (petróleo, pedras preciosas, minérios) que permitiriam resgatar esses países da pobreza extrema?

— [*Bob Geldof roncando*]

— Bob, tu sabias que, de acordo com a revista *The Spectator*, em 2003 o presidente Obasanjo, da Nigéria, gastou 347 milhões de dólares na construção de um estádio de futebol? Ou seja, o dobro do orçamento nigeriano para a saúde?

— [*Sala roncando*]

— Bob, qual é a tua resposta a certos investigadores africanos, como Franklin Cudjoe, do Gana, que te acusam a ti e aos teus amigos rockeiros de não terem o mínimo conhecimento da realidade do continente, de contribuírem para a total impossibilidade dos países africanos terem regimes democráticos e economias desenvolvidas e de apenas se promoverem às custas do sentimentalismo mundial?

[*Seguranças entram na sala e arrastam J.P. Coutinho, que insiste*]

— Bob, tu sabias que, de acordo com notícias recentes na imprensa britânica, essas pulseirinhas que tu e todo o mundo usam contra a fome em África foram produzidas na China, por trabalhadores em regime de semiescravatura, e que...

A arte dos adolescentes
FOL, 6/8/2007

Agora recordo: nos bancos da faculdade, a turma esperava pelas indicações bibliográficas para o semestre. *Introdução à História da Arte*, eis o título da disciplina. E o professor, com total seriedade, informando os alunos que só havia um livro verdadeiramente obrigatório: a *Bíblia*. A turma ouviu o conselho e abriu a boca de espanto. A *Bíblia*?

Sim, a *Bíblia*. Sem um conhecimento do Antigo e do Novo Testamentos; mas também sem alguma intimidade com outros textos religiosos — a Vida dos Santos e mesmo os Textos Apócrifos — era inútil tentar entender a história da arte no Ocidente.

Escuso de dizer que o homem estava certo. Olhando para os últimos 17 ou 18 séculos — desde as primeiras expressões de arte paleocristã — é a figura de Cristo e a sua herança que se encontram presentes em cada quadro, escultura ou igreja ocidental. E, se esquecermos a Idade Média e a sua longa meditação artística sobre o sagrado, mesmo o Renascimento, ao procurar "resgatar" a herança greco-latina (o que implicava "resgatar" a figura humana que os medievais colocavam numa posição de inferioridade hierárquica face ao divino), foi sobretudo para melhor servir a história sacra.

Giotto, por exemplo, um revolucionário que operou essa transição entre a medievalidade e a era moderna ao pintar figuras sagradas como se fossem humanas (um prenúncio da revolução maior, que viria dois séculos depois com Caravaggio), não prescindiu dos textos bíblicos, ou religiosos, como se vê na Basílica de S. João de Latrão, em Roma. E sobre Caravaggio, conhecer o primeiro grande pintor barroco implica conhecer também a vocação e o martírio de S. Mateus (hoje na igreja romana de San Luigi dei Francesi), ou saber as histórias da crucificação de Pedro ou da conversão de Paulo (temas que dominam a Capela Cerasi, na igreja de Santa Maria del Popolo, também na capital italiana). O desconhecimento da religião cristã é, no essencial, o desconhecimento da identidade cultural do Ocidente. E causa maior da ignorância, da estupidez e da mediocridade que define, artisticamente falando, o nosso tempo.

Aliás, não é preciso acreditar no divino para acreditar no papel da religião na construção dessa identidade. Que o diga Camille Paglia, que em texto recente se apresenta como ateia e libertária de esquerda — e, apesar disso, defensora da necessidade de estudos religiosos nos currículos universitários das Humanidades. Uma sociedade totalmente secularizada, que despreza a religião e eleva o materialismo a um novo e único deus, só pode gerar uma arte entediante e adolescente. E, do ponto de vista histórico, falsamente rebelde: a arte "oposicional" começou com os românticos e morreu, algures, na década de 60, com o estertor *pop*. Bater na mesma tecla é bater em tecla gasta, repetitiva e artisticamente estéril.

Paglia tem razão. Não apenas pelo retrato actual de grande parte da arte contemporânea — um caso extremo, e bem irónico, de "rebelião como convenção"; Paglia acerta também ao atribuir aos românticos o início de uma "arte de ruptura" que terminou há meio século com as paródias e as auto-paródias de Warhol e companhia.

Um ponto, porém, parece ignorado por Paglia: é que mesmo o romantismo, na sua recusa da "tradição" (a começar pela tradição neoclássica), não ignorou o que podia aprender com ela. Na pintura, e apenas na pintura, a ruptura romântica não ignorou o que podia aprender com os pré-românticos de finais do século XVIII, sobretudo com o (chamado) movimento dos Nazarenos, ligado a autores tão "clássicos", e tão místicos, como Perugino.

Se a história da arte deixa uma lição aos artistas de hoje é que não existe verdadeira "novidade" sem um entendimento da "tradição": sem esse sentido histórico que, para usar as palavras de T.S. Eliot, leva alguém a escrever (ou a pintar, ou a esculpir) como se a literatura ocidental estivesse presente no momento presente. Porque só esse entendimento permite uma verdadeira continuidade, ou uma reformulação, ou até uma ruptura com o passado.

A criação no vazio, típica de adolescentes, apenas produz grande parte da arte adolescente que ocupa os nossos museus, ou as nossas estantes privadas.

Terapia sueca
FOL, 20/2/2006

Aqui há uns anos, um grupo de feministas suecas lançou a moda: destruir todos os urinóis do país. Razão simples e, de certa forma, compreensível: os urinóis são uma evidência intolerável da soberba e da superioridade masculinas. Eles permitem que os homens urinem de pé quando, naturalmente, as mulheres urinam sentadas. Claro que, por experiência pessoal, posso garantir aos leitores que o improvável acontece: conheço casos em que os homens preferem sentar-se — facilita a leitura — e as mulheres conseguem uma posição vertical, ou quase. Mas a doutrina é regular e a destruição também foi.

Lembrei as suecas do urinol por dois motivos. Primeiro, porque costumo pensar em suecas. E, depois, porque Pierre Pinoncelli foi condenado à prisão (com pena suspensa) e ao pagamento de 250 mil dólares de multa por fazer o que as suecas fizeram. A história é conhecida: numa tarde de sol, Pierre Pinoncelli, 77 anos, resolveu entrar no Centro Georges Pompidou, em Paris, com uma ideia na cabeça e um martelo na mão. Ideia: destruir o urinol que Marcel Duchamp elevou à categoria de obra de arte. Segundo Pinoncelli, o acto de destruição não era simples vandalismo. Pelo contrário: era uma atitude artística e a única forma de aplicar a filosofia de Duchamp e dos primitivos dadaístas. Para Pinoncelli, era necessário recriar continuamente a obra de Duchamp, evitando assim a sua banalização "burguesa".

Pinoncelli está certo. Certíssimo. Em 1916, quando um grupo simpático de artistas e boémios se reuniu no Cabaret Voltaire, de Zurique, o desafio era precisamente esse: será possível lançar uma nova forma de expressão artística capaz de enterrar a ordem burguesa que fatalmente levara a Europa para as trincheiras?

Tristan Tzara, Hugo Ball ou Hans Harp acharam que sim: o esgotamento da civilização era visível com os corpos que tombavam na frente. A arte devia libertar-se da cultura miserável que conduzira ao massacre. Como? Pela subversão de todos os valores estabelecidos. Para usar as palavras de Bakunin, que os dadaístas liam, reliam e reproduziam, só a destruição permitia a verdadeira criação.

Marcel Duchamp concordou e aplicou a terapia. Citar Shakespeare ou arrotar — tudo é legítimo quando a guerra é o retrato mais ilegítimo da natureza humana. Um urinol — ou uma roda de bicicleta — vale precisamente o mesmo que um quadro de Cézanne.

Ao elevar o urinol a obra de arte, Duchamp aplicava o golpe definitivo na tradição artística ocidental: esvaziava o objecto de qualquer qualidade intrínseca, valorizando a "atitude" e o "contexto". Mas aplicava mais. Para sua enorme desgraça, e para nossa enorme desgraça, ele abria as portas para o dilúvio: conceptualismos de todos os géneros e feitios que se limitaram a repetir o gesto inicial, e terminal, de Duchamp. A antiarte de Duchamp transformou-se, ironicamente, na forma mais consensual — e mais "burguesa" — de expressão artística. Duchamp queria acabar com toda a tradição. Azar: a antiarte de Duchamp inaugurou e estabeleceu uma nova tradição. Até hoje.

Não admira que Pinoncelli, com plena lucidez, tenha entrado no Centro Georges Pompidou de martelo em punho. Se o urinol de Duchamp deve ser criado e recriado, por que não destruí-lo? E, já agora, por que não destruir a "Fonte" (no duplo sentido do termo) por onde brotou, e brota ainda, o abundante lixo que os "artistas" gostam de despejar nos museus das nossas cidades?

Sigamos Pinoncelli. Com o martelo na mão. E se você, caro leitor, não gosta de partir obras de arte por amor à Arte, tudo bem. Há sempre a possibilidade, mais pacífica e mais ecológica, de simplesmente urinar nelas.

Sem pés nem cabeça
FOL, 19/9/2005

Trafalgar Square, a praça central de Londres, tem nova estátua. Depois de Nelson, almirante que esmagou Napoleão em batalha célebre; depois de George IV, Charles Napier e Henry Havelock, figuras de Estado que ocupam três plintos mais baixos; e depois de ampla discussão interna para preencher o quarto plinto, a escolha recaiu sobre uma estátua executada pelo "artista" contemporâneo Marc Quinn. Durante os próximos 18 meses, o quarto plinto da histórica Trafalgar Square irá exibir aos transeuntes a figura feminina de uma mulher, Alison Lapper, grávida. Pormenor: devido a condição congénita, a sra. Lapper nasceu sem braços e praticamente sem pernas.

Marc Quinn, conhecido por fazer obras com o seu próprio sangue, justificou a escolha com tese notável. Para o "artista", Trafalgar Square é excessivamente dominada por figuras masculinas e pela presença "fálica" da coluna de Nelson. Quinn sentiu falta de um "toque feminino" e o corpo da sra. Lapper, alegadamente, permite esse "toque". O *mayor* de Londres, Ken Livingstone, concorda: Trafalgar, disse Ken no dia da inauguração, representa o heroísmo bélico do Reino Unido. A estátua grávida de Alison Lapper representa a batalha do indivíduo para vencer o preconceito social e a limitação física. A própria Alison Lapper, presente no acto na sua cadeira de rodas, acrescentou: "Pelo menos, a minha luta não provocou sofrimento a ninguém." Bom, a luta talvez não, minha senhora. Mas a estátua é tão grotesca que até dói.

Não pelo motivo mais básico. Não pela ausência de braços, ou pernas. Não pela deficiência física. O problema de *Alison Lapper Grávida* está na intenção do gesto, na justificação para ele. E, naturalmente, na escolha do espaço.

Acredito que muitas almas sensíveis, confrontadas com o acto radical de Marc Quinn, dirão certamente que Quinn é artista "corajoso" e "provocador", decidido a expor em público a deficiência de uma mulher. Quinn seria uma espécie de Caravaggio moderno, capaz de furar o preconceito social com a representação tangível da limitação física.

Como é evidente, a atitude não é provocadora e não é corajosa. Como escreveu o crítico de arte Richard Dorment, é exactamente o contrário: uma atitude cobarde e politicamente correcta porque Quinn sabe, ou imagina, que poucos irão criticar o gesto, ou criticar a obra, com medo das brigadas correctivas. Quinn usa o corpo de uma mulher deficiente para se proteger da crítica e para facturar com a obra.

Mas a escultura é também grotesca pela justificação que a sustenta. Nas palavras de Quinn, não interessava apenas dar um "toque feminino" a Trafalgar Square. Era necessário prestar uma sentida homenagem à estatuária clássica, leia-se "grega", da qual a sra. Lapper, sem braços ou pernas, seria um brilhante exemplo. Na cabeça de Quinn, a sra. Lapper seria uma espécie de Vénus de Milo *au naturelle*, agora esculpida em mármore branco da região italiana de Carrara.

Infelizmente, as palavras de Quinn apenas podem ser escutadas como sórdida piada. Ao contrário do que Quinn parece imaginar, as figuras clássicas que chegaram aos nossos Museus (as Vénus de Praxíteles; as Amazonas de Policleto; as deusas Atena de Fídias) não começaram como figuras mutiladas. Mais: a ambição que presidiu à estatuária clássica foi a busca, obsessiva e vital, da harmonia e da proporção do corpo. Não apenas nas figuras mitológicas ou nas personagens mundanas. Policleto de Argos, na segunda metade do século V a.C., estabeleceu o cânone que, sem grandes alterações, vigorou durante séculos (Roma incluída): o tamanho da cabeça seria repetido, sete vezes, ao longo da proporção integral do corpo (como se vê, aliás, nas suas próprias peças, hoje no Museu do Vaticano). Escusado será dizer que um corpo mutilado não é, por definição, um corpo "clássico", ou seja, harmonioso e proporcional. É, simplesmente, um corpo mutilado.

Mutilado e, na obra de Quinn, tecnicamente medíocre: a escultura *Alison Lapper Grávida* é uma peça académica e inexpressiva, exactamente o contrário da "humanização" da escultura helenística, em que a sensualidade (como em

Praxíteles), a violência (como em Fídias) ou a tragédia (como em Scopas) foram o contributo mais poderoso dos gregos para a história da escultura ocidental.

A "obra" de Marc Quinn é moralmente repugnante, artisticamente medíocre e, *last but not least*, historicamente deslocada. Trafalgar Square celebra a história britânica nos seus momentos mais gloriosos ou dramáticos. Colocar no quarto plinto uma figura feminina sem grandeza histórica evidente é tão absurdo como colocar no plinto a Princesa Diana, as Spice Girls ou Elton John a cantar as suas baladas.

Porque o problema não está na sra. Lapper e na sua deficiência física. O problema está em quem encomendou a obra e, sobretudo, no artista que a executou. A escultura pode não ter braços, ou pernas. Mas o artista, claro, não tem vergonha, não tem carácter. E, pior, não tem cabeça.

Não existem homossexuais
FSP, 8/8/2007

Não conheço homossexuais. Nem um para mostrar. Amigos meus dizem que existem. Outros dizem que são. Eu coço a cabeça e investigo: dois olhos, duas mãos, duas pernas. Um ser humano como outro qualquer. Mas eles recusam pertencer ao único género que interessa, o humano. E falam do "homossexual" como algumas crianças falam de fadas ou duendes. Mas os homossexuais existem?

A desconfiança deve ser atribuída a um insuspeito na matéria. Falo de Gore Vidal, que roubou o conceito a outro, Tennessee Williams: "homossexual" é adjectivo, não substantivo. Concordo, subscrevo. Não existe o "homossexual". Existem actos homossexuais. E actos heterossexuais. Eu próprio, confesso, sou culpado de praticar os segundos (menos do que gostaria, é certo). E parte da humanidade pratica os primeiros. Mas acreditar que um adjectivo se converte em substantivo é uma forma de moralismo pela via errada. É elevar o sexo a condição identitária. Sou como ser humano o que faço na minha cama. Aberrante, não?

Há uns anos, aliás, comprei brigas feias na imprensa portuguesa por afirmar o óbvio: ter orgulho da sexualidade é como ter orgulho da cor da pele. Ilógico. Se a orientação sexual é um facto tão natural como a pigmentação dermatológica, não há nada de que ter orgulho. Podemos sentir orgulho da carreira que fomos construindo: do livro que escrevemos, da música que compusemos. O orgulho pressupõe mérito. E o mérito pressupõe escolha. Na sexualidade, não há escolha.

Infelizmente, o mundo não concorda. Os homossexuais existem e, mais, existe uma forma de vida *gay* com a sua literatura, a sua arte. O seu cinema. O Festival de Veneza, por exemplo, pretende instituir um Leão Queer para o melhor filme *gay* a concurso. Não é caso único. Berlim já tem um prémio semelhante há duas décadas. É o Teddy Award.

Estranho. Ao olhar para a história da arte ocidental, é possível divisar obras que versaram sobre o amor entre pessoas do mesmo sexo. A arte greco-latina surge dominada por essa pulsão homoerótica. Mas só um analfabeto fala em "arte grega *gay*" ou "arte romana *gay*". E desconfio que o imperador Adriano sentir-se-ia abismado se as estátuas de Antínoo, que ele mandou espalhar por Roma, fossem classificadas como exemplares de "estatuária *gay*". A arte não tem género. Tem talento ou falta de.

E, já agora, tem bom senso ou falta de. Definir uma obra de arte pela orientação sexual dos personagens retratados não é apenas um caso de filistinismo cultural. É encerrar um quadro, um livro ou um filme no gueto ideológico das patrulhas. Exactamente como acontece com as próprias patrulhas, que transformam um facto natural em programa de exclusão. De auto-exclusão.

Eu, se fosse "homossexual", sentiria certa ofensa se reduzissem a minha personalidade à inclinação (simbólica) do meu pénis. Mas eu prometo perguntar a um "homossexual" verdadeiro o que ele pensa sobre o assunto, caso eu consiga encontrar um no planeta Terra.

A fé dos ateus
FSP, 21/7/2007

O que seria de nós sem Deus? A pergunta é antiga, a urgência é recente: no dia 11 de Setembro de 2001, as Torres Gémeas desabavam perante os olhos incrédulos do mundo. E entre os responsáveis pelo massacre, Deus também estava na lista. Se a religião não existisse, o fanatismo jamais teria voado até Nova Iorque. A religião destrói tudo. A história da religião é a história da desgraça humana.

Christopher Hitchens acredita que sim, em *God Is Not Great*. Esclarecimento: gosto de Hitchens e há vários anos que acompanho o bicho. Não é fácil: são duas dezenas de livros e incontáveis colunas para incontáveis publicações de elite (da *New Statesman* à *Vanity Fair*, da *Slate* ao *TLS*). Depois de Mencken e Gore Vidal, Hitchens tem a raríssima qualidade de conciliar profundidade teórica com um destrutivo e impressivo sentido de humor. Irresistível, não?

Sem dúvida. Irresistível mas falível, sobretudo quando a profundidade não acompanha o humor. Acontece com *God Is Not Great*, que provoca riso e frustração em qualquer leitor informado. O riso está na iconoclastia de Hitchens (Maomé era epiléptico? Jesus morreu pelos pecados dos homens mas ressuscitou ao terceiro dia?), uma iconoclastia que procura mostrar duas coisas: primeiro, que a existência de Deus é uma impossibilidade; e, segundo, que as religiões organizadas são uma malignidade. A frustração está na natureza pouco convincente dos argumentos.

Para Hitchens, a existência de Deus é uma impossibilidade pela razão bem simples de que foram os homens a criar o divino, e não o contrário. Basta olhar em volta: como conciliar a ideia de um criador perfeito com o estado imperfeito do mundo?

Na verdade, um mundo imperfeito não é incompatível com um criador perfeito se a liberdade humana é, simultaneamente, uma dádiva e um princípio de indeterminação. Se Hitchens tivesse lido Santo Agostinho, saberia disso. E sobre um Deus criado pela imaginação humana, a tese, que é uma repetição do trio maravilha (Feuerbach, Marx, Freud), não passa de uma profissão de fé, impossível de prova racional. Não é preciso ser crente para subscrever o truísmo: é impossível provar a existência, ou a inexistência, de Deus.

Verdade que o objectivo de Hitchens não é apenas esse. A existência de Deus é um pormenor quando existem homens que matam em Seu nome. Matam em Belfast. Em Beirut. Em Belgrado. Em Belém. Em Bagdade. E apenas para ficarmos pela letra "B", como diz Hitchens com típico humor.

Infelizmente, e uma vez mais, o humor não basta. Não basta porque não é possível condenar toda a religião organizada tendo em conta as suas expressões mais extremas. Porque tudo pode ser perigoso quando levado ao extremo: a fé; a raça; a nação; o amor; o futebol; a estupidez. Além disso, os problemas que Hitchens traz na sua lista "B" não são apenas explicáveis pela religião. Só um ingénuo acredita, por exemplo, que o problema israelo-palestiniano é uma contenta religiosa entre extremistas. A história, a política e as ideologias que sacudiram o Médio Oriente (desde, pelo menos, a queda do Império Otomano) tiveram uma palavra maior.

Soluções? Para começar, Hitchens não aceita a objecção esperada de que os regimes que aboliram a religião acabaram por descer a níveis impensáveis de desumanidade. Desde logo porque, para o autor, esses regimes não aboliram a religião; apenas a transmutaram numa ideologia servida por capacidade tecnológica letal. Ainda que isto fosse verdade (não é), esse seria um argumento a favor da manutenção de uma religião tradicional (como Burke, no século XVIII, ou Tocqueville, no século XIX, ou Aron, já no século XX, sublinharam). A religião tradicional é conhecida. A transmutação gera o desconhecido.

Para terminar, Hitchens lança um convite para um novo "iluminismo", capaz de dispensar a religião e alimentar a alma humana com arte e literatura. É uma boa proposta, sem dúvida, mas talvez fosse interessante saber que tipo de arte e literatura Hitchens aconselha aos novos iluminados. Razão simples: a história da arte no Ocidente é indissociável da herança judaico-cristã que a contaminou. Eu, pessoalmente, só vejo um caminho: lançar na fogueira todas as obras que transportem resquícios religiosos.

Porque esse é o problema do panfleto de Hitchens: preocupado em derrubar a religião, o seu ateísmo converte-se numa nova forma de religião. Dogmática, intolerante. E, como em todos os extremismos, capaz de conceder a Deus uma importância de vida ou morte. Sobretudo a um Deus em que não se acredita. É a suprema ironia.

Planeta dos macacos
FSP, 31/5/2006

Que vergonha. Eu queria escrever sobre *O Código Da Vinci*, mas tenho dois problemas básicos. Não li o livro e não vi o filme. Calma, a história é mais complexa: o livro, eu li, mas só até metade. A certa altura, senti um cheiro pastoso à mandioca queimada e percebi, sem surpresa, que eram os meus neurónios a derreter. O filme, fui vendo. Atenção ao gerúndio: vendo. Ou seja: via, adormecia, via, adormecia. Por outras palavras, sou um verdadeiro especialista no assunto.

Mas quem não é? Só esta semana, li na imprensa inglesa que 60% dos leitores de *O Código Da Vinci* (se preferirem, 7 milhões de pessoas) acreditam firmemente na "verdade" do *Código*. Cuidado, gente: estamos a falar da pátria de Newton, Darwin ou Peter Cook. E que "verdade" é essa? Pois é: parece que Jesus e Madalena casaram na Galileia e deixaram descendência. A descendência anda por aí, 2.000 anos depois. Não olhem para mim. Está bem, olhem, mas eu juro que não sou.

O problema é que esta "verdade" foi escondida pela Igreja: em 325 d.C., o imperador Constantino, apostado em transformar o cristianismo em religião oficial, decretava a divindade de Jesus. Madalena, marginalizada pela instituição, procurou refúgio na França e, sei lá, terminou os seus dias a fazer Camembert (não li esta parte; adormeci, *idem*). Infelizmente para Constantino, para a Igreja e para a hipocrisia do cristianismo, existe um grupo, chamado Priorado do Sião, que conhece tudo e ameaça contar. O livro e o filme começam com a morte de um membro do clube, assassinado por um louco da Opus Dei. Não vou relatar o fim para não estragar a surpresa. A começar pela minha.

E a começar pela vossa. Nos últimos dias, familiares e amigos, dominados pelo livro de Dan Brown, têm perguntado se a "verdade" do *Código* é, digamos, verdade mesmo. Suspiro. Estou velho. Estou cansado. Dizer o quê? Que o Priorado é invenção de um fantasista francês, Pierre Plantard, condenado por fraudes? Que o casamento de Jesus e Madalena pode entusiasmar as massas que viram *Pretty Woman* — mas que não encontra suporte em nenhum tipo de texto, canónico ou apócrifo?

Não vale a pena. Deitado no sofá, onde passo os meus dias, reparo então em notícia científica que se adapta ao momento: homens e macacos tiveram relações sexuais, algures, no passado. Mais: de acordo com a ciência, a nossa espécie é o resultado dessas horas de amor íntimo. Pessoalmente, nunca duvidei. Não falo apenas de certas feições símias, sobretudo entre a classe política. Falo de hábitos: hábitos mentais que sobreviveram a tudo. Inventámos o fogo. A roda. A agricultura. Descobrimos continentes. E planetas. Mas persistiu sempre no fundo de nós esse macaquito primitivo que olha para os mistérios do mundo como se o cosmos fosse dominado por forças misteriosas.

As teorias da conspiração são uma adaptação moderna da histeria animal que Kubrick filmou em *2001*. E que passou para os nossos genes. Aliás, se dúvidas houvesse, bastaria citar o *Código* e os milhões de macaquinhos que leram e até acreditaram.

Macacos espanhóis
FOL, 12/6/2006

O Parlamento espanhol não tem dormido a sua *siesta*, abolida oficialmente há uns meses por motivos de (saco de enjoo, por favor) "produtividade". Agora, os socialistas e os "verdes", depois de longas consultas com especialistas internacionais, pretendem estender os direitos "humanos" aos gorilas. Os espanhóis entendem que não existem grandes diferenças entre eles e os macacos. Como português, posso afirmar que *nuestros hermanos* têm alguma razão. O pior é calcular os efeitos da medida se ela for aprovada. Para os socialistas, isso obrigaria os macacos a serem libertados dos zôos e recolhidos em instituições do Estado (no zôo ficariam apenas os casos mais frágeis, mas só depois de audição em tribunal). Não tenciono moralizar ninguém e acredito que existem vantagens em reconhecer direitos aos bichos. Mas quando falamos em *direitos*, cuidado, falamos também em *deveres*. A começar pelos eventuais deveres conjugais, que acabarão por surgir quando o espanhol médio, cansado das mulheres domésticas, começar relação amorosa com um símio. Não sei se o Parlamento espanhol irá tolerar a ideia: o macaco, de véu e grinalda, pendurado no sino da igreja, recusando-se à noite nupcial. Para evitar casos extremos, um conselho: o noivo deve substituir a flor na lapela por uma banana no bolso. E os convidados devem evitar atirar arroz, optando antes pelo amendoim. Nunca falha.

Fora do prazo
FOL, 24/1/2005

Aconteceu: Adriana Iliescu, 66 anos, romena, professora universitária, deu à luz fora do prazo. O mundo olha com espanto para o facto e inicia debate moral sobre a matéria. A medicina pode fazer estas coisas? Os seres humanos podem exigir estas coisas? E a criança? Sim, meu Deus, o que será da criança — uma criança condenada à vida e, com mãe sexagenária, condenada também a uma prometida e não muito distante orfandade?

Não quero incomodar os leitores da *Folha* mas posso garantir que enviei cartão pessoal a Adriana Iliescu. E não, não estou interessado em constituir família, apesar da minha inclinação natural por mulheres mais velhas. O meu cartão pretendia dar os parabéns a Adriana pela sua singular ideia e fabulosa lucidez. Adriana fez o que eu faria. Adriana fez o que toda a gente devia fazer. Filhos?

Só aos 60 ou 70, na melhor das hipóteses. Às vezes penso que o ideal era ter um filho aos 80: recebê-lo nos meus braços, beijá-lo com ternura, desejar-lhe as maiores felicidades — e morrer no minuto seguinte. Que bom: não mudar fraldas, não aquecer leite, não ficar de plantão toda a noite (e ele a berrar, a berrar) quando tudo rola lá fora. Mas eu gosto de crianças. O segredo, portanto, não está em não ter filhos. Está em ter filhos tarde — e sair na altura certa: quando a criança se converte em adolescente. Ou, para os entendidos no assunto, quando a borboleta se converte em larva, quando a carroça se transforma em abóbora, quando o anjo dá lugar ao Neandertal. Aguento uma criança que berra e baba. Não aguento um adolescente que berra com Enrique Iglesias e baba com Britney Spears. A adolescência é o purgatório da racionalidade: as hormonas chegam de viagem e expulsam os últimos neurónios ao pontapé. No mundo perfeito, todo o pai teria direito a exportar o seu filho adolescente e recebê-lo dez anos depois, com barba de homem, gravata posta e carreira feita. Impossível. Então, melhor morrer.

    Não é crueldade, não: é altruísmo. Porque ter filhos tarde não é apenas bom para os pais. É também bom para os filhos. Não há nada mais embaraçoso para um adolescente do que pais com mentalidades de adolescentes. Olho para os meus amigos e sofro por eles: o filho comporta-se como membro da espécie e eles imitam o filho. Querem ser "amigos" dos mesmos amigos. Ver os mesmos filmes. Fazer as mesmas viagens. Falar da mesma forma. E partilhar as mesmas experiências: a roupa, os discos, as bebidas. As namoradas. A prisão. Não admira que todo o adolescente genuíno deseje genuinamente que os pais desapareçam. De preferência, depois da mesada. Os meus amigos choram e deprimem. Coitados, não percebem: quando o adolescente entra em palco, a peça vira monólogo. E a protecção dos primeiros anos converte-se na prisão dos anos seguintes. Para quê sofrer? Chega de sofrimento. Para ambas as partes.

Ter filhos tarde liberta os pais dos filhos. E liberta os filhos dos pais. Combinação perfeita. Daqui a 50 anos, eu prometo contar como foi.

Frango assado
FOL, 17/10/2005

Tenho duas coxas de frango no meu prato. Comer ou não comer, eis a questão. Na TV, as piores notícias possíveis: a gripe das aves já chegou à Roménia. Pois é. Tomou um avião na Ásia, fez escala no Médio Oriente e mudou-se de armas e bagagens para o Leste da Europa. Daqui a nada, estará em minha casa. Daqui a nada, estará em vossas casas. Assustados?

Estejam. Números dramáticos. De acordo com a Organização Mundial de Saúde, 7 milhões de pessoas podem morrer em atroz agonia. As Nações Unidas falam em 150 milhões. Michael Osterholm, epidemiologista americano, fala em 360 milhões. E João Pereira Coutinho, ouvido pela *Folha*, declara: "O ideal seria 500 milhões, porque é cada vez mais difícil conseguir uma boa mesa para jantar num sábado à noite." Infelizmente para Coutinho, é provável que o Apocalipse não comece já.

A ideia de uma pandemia trágica implica duas coisas. Primeiro, que o vírus responsável pela morte das aves se propaga para a espécie humana. E, além disso, que a espécie humana é capaz de se contaminar, como aconteceu em 1918 com a famosa gripe espanhola.

Cenário improvável. Até ao momento, morreram 60 pessoas em 117 casos de gripe das aves conhecidos. Repito: 60. Como? Não pretendo violar a intimidade de ninguém mas os dados apontam para situação similar: para vocês morrerem com a gripe do frango, é necessário um convívio apertado com o bicho. E quando eu falo em "convívio apertado", falo de relação amorosa com ele, o que naturalmente envolve dormir abraçados, beijá-lo loucamente e desejar construir um futuro a dois. Na Ásia, onde as populações rurais praticamente vivem no meio das aves e onde os cuidados de saúde estão na Idade da Pedra, essa relação existe e persiste. O que explica a mortandade — uma mortandade residual e, tendo em conta a expressão demográfica da zona, absolutamente ridícula. E por cá?

Bom, por cá, existe e persiste a nossa deliciosa histeria mediática que todos os anos inventa uma nova catástrofe para liquidar a Humanidade. Há uns anos, a doença das vacas loucas, pronta para arruinar milhares de vidas, praticamente arruinou os criadores de gado da Europa. Os preços bateram mínimos históricos. Amigos meus converteram-se ao vegetarianismo de um dia para o outro. Eu engordei uns dez quilos de tanto churrasco comido e bebido (a sós). A loucura das vacas foi como veio.

Sem falar da pneumonia atípica, a famosa SARS, que em 2003 prometia milhões de mortos em poucas semanas. Ainda se lembram? Morreram 800 pessoas, sobretudo na Ásia. Ou seja: morreram incomparavelmente menos do que os milhares de velhos e doentes que todos os anos morrem de gripe "normal" na mesma zona do globo. Aliás, em qualquer zona do globo.

Porque a verdade, a cruel verdade, é que nunca se esteve tão bem como agora. Vivemos mais. Vivemos melhor. A medicina alcançou progressos que seriam impensáveis para os nossos antepassados. Claro que existem situações de miséria, sobretudo em África, onde a fome persiste. Mas até em África o mundo avança: de acordo com as Nações Unidas, a percentagem de povos do Terceiro Mundo que passam fome desceu de 35% em 1970 para 18% nos dias de hoje. *Apesar da explosão demográfica.*

Sobram as guerras, claro. Mas se o leitor pensa que o mundo está menos pacífico, o leitor está errado. A percepção dos conflitos através dos media não significa que os conflitos aumentaram. Pelo contrário: o mundo está mais pacífico e a guerra — a guerra entre Estados e a guerra dentro dos Estados — foi gradualmente diminuindo nas últimas décadas. Segundo o historiador britânico Niall Ferguson, só nos últimos três anos terminaram 11 conflitos maiores: de Angola ao Ruanda, do Sri Lanka à Indonésia. E nunca, como hoje, existiram tantas democracias à face da Terra.

Não admira que a Humanidade esteja perdida de tédio, criando, recriando e até filmando a sua própria aniquilação física. O clima. As vacas loucas. A gripe das aves.

Os marcianos. Tudo serve para aliviar o sentimento de culpa que sentimos no meio de tanto conforto.

E, já agora, no meio de tanta abundância: duas coxas de frango que esperam no prato. Por mim. Até já. E se o vírus do bicho bater entretanto, por favor, digam que eu estou ocupado.

Homens e vacas
FSP, 30/5/2007

Que fazer com as vacas francesas? Assunto sério: li há uns tempos que as vacas do país eram ameaça letal para o equilíbrio planetário. De acordo com os sábios, são 20 milhões de vacas a libertar 38 toneladas de gases para a atmosfera. Tradução: incomparavelmente mais do que as 14 refinarias de petróleo que existem em França.

Para começar, temos o gás metano, capaz de furar o ozono com violência irreparável. E, para acabar, temos o óxido nitroso, conhecido pelo povo como "gás do riso". Tem as suas vantagens: por experiência própria, asseguro que os agricultores franceses exibem perante os turistas uma invejável boa disposição o dia inteiro. Hoje, tenho pena deles. Lembrar Chernobyl.

Existem soluções. A primeira é combater a dieta das vacas, introduzindo um antiflatulento nos repastos. A segunda é combater a dieta dos homens, conduzindo a manada humana para os doces vales do vegetarianismo. Tolero a primeira, tenho dúvidas sobre a segunda: uma coisa são 20 milhões de vacas soltando gases para a atmosfera. Outra são 60 milhões de franceses convertidos às saladas e comportando-se como as vacas. Eu, pessoalmente, tenho uma terceira solução. Matar as vacas. Se o problema são as vacas, nada melhor do que acabar com elas.

Aliás, nada melhor do que acabar com tudo. Só esta semana, o WSP Environmental, uma agência independente sediada em Londres que se preocupa com o aquecimento global, resolveu soltar, não gases, mas um novo estudo igualmente preocupante. Parece que trabalhar em casa não é benéfico para o planeta.

Tempos houve em que os sábios acreditavam no contrário: quem trabalha em casa não se desloca para o emprego. Quem não se desloca não consome combustíveis fósseis. Quem não consome combustíveis fósseis não contribui para o aquecimento global. Ficar em casa era o caminho responsável. Não mais: nos dias que passam, 12% da população activa trabalham em casa. São 3,4 milhões de pessoas soltando 2,38 toneladas de dióxido de carbono ao aquecer o lar, cozinhar no lar, respirar no lar. Insustentável. Melhor trabalhar no escritório, afirmam os sábios, embora esse regresso aos gabinetes apresente um custo de 1,68 toneladas de gases lançadas anualmente para a atmosfera.

Moral da história? O mundo aquece e, para a ciência, o homem não está bem em lado nenhum. Não está bem em casa. Não está bem no trabalho. Desconfio que não esteja bem nas pastagens verdejantes da França. Somos, no fundo, como as vacas gaulesas, uma ameaça natural por vivermos as nossas vidas com a regularidade possível. Valerá a pena continuar?

Eu acho que não. E acho mais: em nome do planeta, e da religião secular em que o ambientalismo se tornou, talvez não fosse má ideia um último sacrifício. É duro, eu sei. Mas o suicídio colectivo dos homens permitiria entregar o destino do mundo ao próprio mundo. Sem homens, e obviamente sem vacas, talvez assim a ciência e o planeta pudessem arrefecer um bocadinho.

Senhora Liberdade
FSP, 11/7/2007

Uma senhora não merece assobios. Questão de educação. Ou, como dizia Wilde pela boca de um personagem, as maneiras são anteriores à moral. O público que esteve presente no circo das Sete Maravilhas do Mundo não concorda com a tese e visivelmente não aprendeu as maneiras em casa. Bastou esperar pelo momento em que a Estátua da Liberdade, nomeada para a lista final, apareceu nos ecrãs do estádio da Luz. O estádio desabou em apupos e pateadas. Como na canção, *the lady is a tramp*.

Pena. Concordo que a Estátua da Liberdade não é prodígio escultórico ou arquitectónico. Ao vivo, é até um poderoso anticlímax. Tamanho pequeno. Tosca de formas. Inexpressiva como objecto artístico. Comparada com os eleitos, perde em pontuação técnica ou estética, apesar de seis deles serem produtos de sociedades bárbaras ou esclavagistas — um pormenor histórico que não incomoda as consciências humanitárias (e antiamericanas) do público. Ou julgavam que a China imperial, a Índia muçulmana, as civilizações maia e inca, os nabateus do Médio Oriente e a Roma dos Césares eram um parque de diversões?

Mas a Estátua da Liberdade não é, em rigor, uma estátua. Ela é um símbolo, uma história, uma promessa: a promessa de que, apesar de tudo, e de tanto, seria sempre possível recomeçar. Eis a promessa que recebeu milhões de seres humanos na chegada a Ellis Island. E que tinham na estátua — tamanho pequeno, tosca de formas, inexpressiva como objecto artístico — a primeira senhora gentil em dias ou meses de viagem agreste. Nos filmes de Coppola ou nas páginas de Frank McCourt, a estátua confunde-se com o olhar grato do imigrante que a encontra pela primeira vez, ou pela milésima vez, contando com todas as vezes em que ela aparecia nos sonhos.

A estátua era um porto de chegada, sim. Mas era também um porto de partida: a última visão de casa para meio milhão de rapazes que não regressaram da Europa. Cem mil não regressaram em 1918. Quatrocentos mil não regressaram em 1945. Mas a Europa já esqueceu esses tempos sombrios em que, sitiada por uma máquina de guerra desumana e brutal, olhava para essa estátua — tamanho pequeno, tosca de formas, inexpressiva como objecto artístico — e esperava que uma tocha de liberdade a viesse salvar e iluminar. Como, na verdade, ela veio. Duas vezes. E para quê?

Para nada: em directo de Lisboa, a ignorância e a bestialidade da multidão mostraram e comprovaram ao mundo como foi inútil o sacrifício. E como o ódio à América não se distingue, hoje, de um ódio à Humanidade: essa humanidade que, falando italiano ou alemão, português ou francês, iídiche ou japonês, foi acolhida pelo mais nobre, e também por isso o mais belo, de todos os monumentos possíveis.

Disse que as maneiras são anteriores à moral. Mas, quem não tem maneiras, não tem moral. A memória da Europa não é apenas curta. É curta e ingrata. Nessa ingratidão, existe a marca do seu carácter. Mas existe também o prenúncio do seu triste e solitário futuro.

O americano intranquilo
FSP, 19/4/2006

Aterrei nos Estados Unidos, pela primeira vez, há uns anos. Fiquei pasmado com facto inesperado: a simpatia dos americanos. À época, não tinha ainda lido Tocqueville e não podia concordar com o sábio francês que, já em 1831, notara como uma sociedade civil forte promovia virtudes sociais fortes. Afabilidade. Simpatia. Cortesia. Eu chegava da Europa. E, na Europa, acreditem, ninguém é simpático com ninguém. Deve ser o velho *rapport* feudal que impede qualquer empregado de café de ser prestável para qualquer cliente de café. "Servir" é verbo indigno. "Agredir", não. Na Europa, e sobretudo em Paris, o leitor senta-se numa tasca e é tratado ao pontapé. É o velho charme europeu, que os americanos não partilham.

Em Chicago, havia sempre um sorriso e um cumprimento matinal. E a pergunta, obviamente retórica, de saber se a vida rolava. Confesso: tanta alegria, às vezes, deprime. E o excesso de energia cansa. Mas, quando se aterra nos Estados Unidos, a primeira coisa que se enterra é o cliché do americano arrogante.

O mundo não concorda. Sobretudo o mundo que nunca foi aos Estados Unidos, mas gosta sempre de dissertar sobre as qualidades dos indígenas. Aliás, não apenas o mundo: o próprio governo americano está seriamente preocupado com a imagem dos seus cidadãos no estrangeiro e resolveu editar um pequeno livro com 16 conselhos essenciais para civilizar os selvagens. O americano pede o passaporte e recebe sermão grátis para não horrorizar o europeu. De acordo com Washington, o americano no estrangeiro deve: falar baixo; ouvir muito; não "moralizar" em excesso; mostrar interesse pela cultura local; andar devagar, comer devagar e, presumo, pensar devagar; não discutir religião; não discutir política; não discutir desporto; não discutir e ponto; não usar bermudas; não usar boné de basebol; aprender o dialecto local. No fundo, fazer uma lobotomia prévia e cruzar o Atlântico na condição de débil mental.

Não me oponho a este circo. Mas, no meu estatuto de europeu "refinado", talvez não seja má idéia avisar: a imagem que a Europa tem dos americanos não é real. É política. E não se altera com livro de boas maneiras para ler no avião.

Começa por ser uma imagem política no sentido mais lato e histórico do termo: desde a fundação dos Estados Unidos que a Europa insiste e persiste em alimentar uma sobranceria patética em relação à antiga colónia. O Novo Mundo, aos olhos do Velho, era um espaço de degenerescência física e moral, sem os múltiplos refinamentos de um concerto em Salzburgo ou de um salão em Paris. Nietzsche e seus seguidores gostavam de repetir a tese: o gosto americano pelo mais reles materialismo era repulsivo aos olhos do europeu cultivado. A Europa produzia cultura; os americanos, coitados, tinham a mentalidade própria dos filistinos: adoradores do metal e escravos dele, incapazes de apreciar a beleza intangível da vida intelectual. Curiosamente, Nietzsche não sobreviveu para assistir aos prodígios que a "vida intelectual" acabaria por oferecer à Europa no século XX.

Mas a imagem é também política no sentido mais estrito e imediato: talvez Washington não goste da palavra. Mas ser um "império" não é uma questão de gramática. É uma questão de poder militar, económico e cultural. O "espírito do tempo", para usar a linguagem de outro alemão célebre, mora do outro lado do oceano. E, enquanto o "espírito" estiver em Washington, e não em Bruxelas, os americanos serão sempre arrogantes, ou vulgares, ou rudes, ou incultos, ou antipáticos, ou imorais, ou monstruosos. É o velho síndroma do caseiro invejoso que namora as pratas do senhor enquanto o insulta pelas costas.

Que a Europa acredite nas suas fantasias, eis um facto que não incomoda uma única pessoa lúcida. Mas que o próprio governo americano esteja disposto a marchar na paranóia, eis a confirmação de que a loucura é leve e voa depressa como o vento.

Beckett em Paris
FOL, 17/4/2006

O governo francês, como se esperava, enterrou o Contrato de Primeiro Emprego. Sempre assim foi: quando a rua grita, o Eliseu treme. E Chirac nunca se notabilizou pela coragem ou pela lucidez política. Paz à sua alma. E paz à alma da França: com desemprego nos 10% (e o dobro entre os menores de 26 anos, que a lei pretendia empregar), não lhe antevejo grande futuro.

O problema é que a rua não concorda. A rua e grande parte dos estudantes que marcharam nas últimas semanas por Paris, exigindo mais protecção, mais Estado, e mais protecção do Estado. O que diria Samuel Beckett de tudo isto?

A pergunta não é absurda: centenário na semana passada, a 13 de Abril, Samuel Beckett viveu em Paris grande parte da vida e, juntamente com Kafka, foi o segundo escritor do século porque, precisamente, captou a alma do século. Kafka conseguiu pressentir a ameaça do horror absoluto — uma sombra invisível de fechamento espiritual e moral que não chegou a sentir na pele. Beckett, sim: ele escreveu sobre as ruínas porque sobreviveu a elas. Leio no jornalismo cultural mais preguiçoso que a literatura de Beckett é uma "literatura de fracasso". Talvez seja. Mas este cliché, como todos os clichés, transporta uma simplificação grosseira: o célebre "fracasso" de Beckett nasce directamente da vontade humana de não desistir. De tentar novamente, falhar novamente, falhar melhor. Se a mortalidade é a nossa única certeza, cabe aos seres humanos continuar: um gesto prometaico que, à semelhança do Sísifo de Camus, continua a rolar a pedra pela recusa do suicídio, ou seja, pela recusa da saída mais simples. Mesmo Malone, às portas da morte, entende a imperiosa necessidade de continuar.

Os estudantes de Paris, que obviamente nunca leram um dos mais importantes escritores da cidade, são a radical negação de tudo isto. Eles não querem continuar num mundo hostil que exige acção possível, ou seja, risco possível, aceitando um trabalho precário durante dois anos. Sobretudo quando trabalho definitivo é um luxo numa economia em crise. Eles querem o retorno imaginário a um passado imaginário, feito de segurança pessoal, laboral, física e até existencial. São jovens de 24 ou 25 mas, mentalmente, inversamente, estão na casa dos 42 ou dos 52. Ou dos 62. Ou dos 72. O horror ao risco é o traço que os une e nesse horror está um horror à vida: à natureza frágil e incerta da existência humana. De uma existência que, desde o berço, está condenada a prazo.

Nas ruas de Paris, não esteve apenas uma lei laboral em discussão. Esteve toda uma filosofia de vida. Pessoas existem que, apesar da violência do mundo, não prescindem da liberdade, da angústia da liberdade, e avançam. Porque, sem um mínimo de risco, os seres humanos são, como diria o poeta, cadáveres adiados. Os meninos de Paris discordam. Eles querem segurança total porque acreditam que a vida deve ser vivida numa jaula, ou num caixão. Eles desejam segurança total mas nesse desejo está, simplesmente, um desejo de morte.

A bailarina fascista
FOL, 22/1/2007

Talvez eu esteja a exagerar. Mas o Apocalipse caminha para nós. Existem sinais. Leio agora nos jornais do dia que, por toda a Europa, hindus de nacionalidades várias prometem contestar com vigor as intenções da ministra da Justiça alemã em criminalizar a exibição da suástica. Para a ministra, a suástica representa Hitler, o Terceiro Reich e os seus projectos de dominação imperial e rácica. Para os hindus, a suástica é um símbolo milenar de paz e serenidade. Deve a União Europeia, presidida actualmente pela Alemanha, proibir o símbolo da paz e da serenidade para os hindus?

Em Londres, a loucura foi ao teatro. Segundo parece, uma bailarina do English National Ballet, Simone Clarke, é também membro do British National Party, um grupo de extrema-direita ferozmente anti-imigração. Simone, 36 anos, namora com dançarino cubano, imigrante, descendente de chineses. A salada exótica perfeita. Nada disto impediu as brigadas de irromperem pelo teatro onde Simone dançava o clássico *Giselle*, insultando a bailarina e exigindo a sua demissão dos palcos. Simone continuou a dançar, com notável profissionalismo, apesar dos insultos. A companhia de bailado preferiu não comentar.

Fez bem. Não é fácil comentar a loucura: uma pessoa acaba por confundir-se com ela. E se os hindus estão errados do ponto de vista iconográfico — o símbolo nazi não é exactamente igual às suásticas das religiões dármicas — o que espanta nos protestos londrinos é a evidente selvajaria das brigadas. Sim, eu entendo que uma "bailarina fascista" é tão improvável como Osama bin Laden de biquíni em concurso de beleza para misses: existe na combinação um choque visual profundo, como se a grosseria e o filistinismo de Hitler fossem incompatíveis com a subtileza e a elegância do *Quebra-Nozes*, que Simone dançou há uns meses (com aplausos da crítica).

Mas essa não é a questão. E não é a questão porque a ideia de punir artisticamente um fascista, ou um comunista, ou um chavista, ou um extremista de ideologia difusa, demonstra apenas a cobardia de quem o faz.

Cobardia real: em Londres, as brigadas insultaram quem não se podia defender. Pior: quem exerça a sua arte em palco, um acto de humilhação que só define quem o pratica. A menos, claro, que o "fascismo" da sra. Clarke não se limite às suas ideias políticas e seja exibido na forma como dança: como executa o *demi-plié*, como faz o *retiré*, como arrisca no *arabesque*, pondo a plateia a salivar com desejos tirânicos de invadir a Polónia. Haverá um *ballet* fascista e ninguém avisou?

Mas a cobardia é também intelectual: se a liberdade de expressão é uma benesse, ela implica aceitar vozes discordantes que devem ser toleradas, ou ignoradas, ou debatidas — e, em casos extremos, denunciadas por pessoas concretas que se sintam atingidas no seu bom nome. Existem tribunais para isso. Mas nenhuma sociedade livre será capaz de sobreviver pela criminalização de todas as opiniões que o "senso comum" maioritário considera ofensivas. Proibir é a atitude preguiçosa do tirano menor que, incapaz de tolerar, ignorar ou refutar intelectualmente uma opinião, prefere criminalizá-la.

O gesto é perigoso: ele transforma o extremista em mártir, e o mártir em herói. O caso recente do historiador David Irving, preso (e entretanto libertado) na Áustria, ilustra o ponto: em 2000, Irving ficou com a reputação intelectual desfeita, ao perder em tribunal uma acção contra Deborah Lipstadt, historiadora que o acusara de ser um negacionista do Holocausto. A prisão recente serviu apenas para reabilitar Irving, como já tinha acontecido na década de 1980 com a prisão, e a reabilitação, de um desacreditado Robert Faurrisson. Seria improvável que Irving existisse se, antes dele, Faurrisson não tivesse emergido como o herói perseguido do revisionismo.

A ministra alemã e as brigadas de Londres acreditam que o extremismo na Europa se combate pela força da lei. Acreditam mal. A extrema-direita pode crescer no continente, sobretudo no Leste, e, como se verá nas próximas presidenciais francesas, com o fenómeno Le Pen.

Mas ela cresce por exclusiva culpa dos "partidos do centro": incapazes de reformar economicamente uma Europa estagnada e medrosa perante o "estrangeiro", os partidos instalados apenas contribuem para um mal-estar social que alimenta a besta do costume. E as bestas não quebram nozes. Quebram tudo.

Roma e Pavia
FSP, 29/3/2006

Regresso a Roma e, junto ao Capitólio, é impossível não recordar Edward Gibbon. Em 1764, Gibbon confrontava-se com as ruínas da cidade e, entre a melancolia e o assombro, decidia escrever obra clássica sobre o declínio e a queda de Roma. Como foi possível, perguntava Gibbon, que uma civilização imensamente poderosa e complexa pudesse desabar de forma tão dramática?

A pergunta de Gibbon e a resposta do autor em *Decline and Fall of the Roman Empire* são também partilhadas por livrinho assombroso publicado recentemente e que me acompanha nestes dias de sol romano. Falo de Bryan Ward-Perkins e do seu *The Fall of Rome and the End of Civilization*. A leitura é aconselhável, mas a tese não é pacífica.

Ward-Perkins, arqueólogo e professor da Universidade de Oxford, explica porquê: nas últimas décadas, e por motivos políticos alheios à verdade da História, tem havido a tendência de olhar para a queda de Roma não como uma "queda", muito menos como o fim de uma "civilização"; antes como transformação mais ou menos pacífica que, nos inícios do século V, teria conduzido o império para a medievalidade cristã. Sem traumas nem dramas.

Invasões? Bárbaros? Nem uma coisa nem outra. Os bárbaros ou, para sermos politicamente correctos, os "povos germânicos" foram entrando em Roma e, se possível, tomando chá e comendo bolinhos com as elites romanas. A própria União Europeia, explica Ward-Perkins, tem largamente apoiado (e financiado) esta versão da história: uma forma simpática de reinventar um passado de concórdia entre os povos do continente.

Ward-Perkins destrói essa visão com erudição e rigor. A História não é uma brincadeira política. Vive de fontes, documentos, factos. E que nos dizem os factos? Que Roma caiu, sim; que a entrada de Alarico, rei dos visigodos, em Roma, foi traumática, sim; que a economia, a técnica, a arte e a vida letrada regrediram, sim; e que a complexidade de Roma recuou mil anos até ao nível da Idade do Ferro e que demorou mil anos a recuperar das invasões bárbaras que, sem manipulações políticas ou fantasias multiculturalistas, destruíram um Império, sim.

Os exemplos são múltiplos. No século V, era possível a um simples agricultor do norte de Itália guardar líquidos domésticos em ânforas do norte de África de qualidade razoável e dormir em habitações sólidas com cobertura de telha. Isso acabaria por desaparecer nos séculos seguintes: modestas casas de madeira, com cobertura de palha, marcariam a paisagem medieval europeia.

Mas não só. A moeda acabaria por desaparecer como instrumento corrente, comercial, diário. Desapareceriam também indústrias inteiras, ligações comerciais necessárias para alimentar o Império. A segurança acabaria por declinar: por pressão externa ou guerra interna. E a literacia, que Ward-Parkins ilustra com documentos oficiais ou simples *graffiti* nas paredes das cidades romanas, declinou também. Não é de admirar que, três anos depois da entrada de Alarico em Roma, Santo Agostinho tenha desvalorizado a cidade terrena pela exaltação da "Cidade de Deus". A cidade terrena não era particularmente agradável.

Leio Ward-Parkins junto ao Fórum. Dia quente, com turistas que posam para retratos de ocasião. E então pergunto se, um dia, tudo isto acabará por desaparecer também: o conforto de um mundo às mãos dos seus inimigos. Há uns anos, Fukuyama apresentava um retrato idílico, onde as democracias liberais encerravam com chave de ouro a história da Humanidade. O melhor dos mundos possíveis, dizia Fukuyama em *O Fim da História e o Último Homem*. Depois chegou o 11 de Setembro. A ameaça do fanatismo islâmico nas ruas de Madrid ou de Londres. E a História abriu-se novamente, como sempre se abre às contingências do tempo.

Sim, as analogias valem o que valem. Mas acreditar na eternidade de uma civilização é não aprender nada com a evidência destas ruínas.

A guerra acabou
FOL, 7/8/2006

George Steiner, um dos últimos casos de cultura e civilidade que interessa ler com atenção, escreveu recentemente um breve ensaio. Sobre a ideia de Europa, intitulado *A Ideia da Europa*. Ambição estimável: mostrar como a Europa possui uma unidade cultural e até espiritual que a distingue dos outros cantos do globo. Para Steiner, a Europa, a sua Europa (que, de certa forma, é minha também), surge como herança maior de Atenas ou Jerusalém, ou seja, como herança maior do pensamento racional e das grandes teologias judaico-cristãs. É igualmente um espaço que é possível calcorrear a pé, permitindo um confronto permanente com praças ou pracetas, ruas ou avenidas, que transportam no nome um pedaço de história ou memória. Como se houvesse em cada esquina a sombra inapagável de um passado de mortos.

Mas a Europa é também a Europa dos "cafés": ao contrário do "pub" inglês ou do bar americano, os cafés da Europa não são apenas locais utilitários de bebida ou refeição. São espaços de encontro, romance, discussão ou criação. Espaços de fumo e bebida. Vadiagem, malandragem. E em cada café da Europa existe também a presença invisível dos que o habitaram: Kraus em Viena, Pessoa em Lisboa, Sartre em Paris; e porque a ficção se mistura tantas vezes com a realidade, os *gangsters* de Isaac Babel nos cafés de Odessa. Porque a Europa dos cafés estende-se da Lisboa de Pessoa à Odessa de Babel.

Leio o pequeno livro de Steiner e não posso deixar de sentir uma certa nostalgia. A descrição do autor talvez seja útil para entender a Europa. Mas que Europa? A Europa do passado? Sem dúvida. Porque sobre a Europa do presente, o sábio George está equivocado. Não apenas pelo declínio cultural que a Europa conheceu depois da Segunda Guerra, quando o "espírito do tempo" emigrou para Nova Iorque, e não mais para Londres ou Paris. Mas porque na Europa, e sobretudo na Europa dos cafés, dificilmente encontramos o ambiente físico e espiritual que Steiner retrata. A vida intelectual é hoje essencialmente solitária e privada, onde os escribas vão cultivando os seus feudos, e os seus ódios, sob a luz triste da existência suburbana. E sobre beber ou fumar, a maioria dos cafés do continente já foi abolindo o último vício, esperando-se que se ocupe agora do primeiro. Os cafés da Europa serão, a prazo, jardins infantis.

O "espírito do tempo" não emigrou apenas para outras paragens. Ele foi destruindo uma cultura de adultos, entregando as rédeas do mundo à ideologia patética da juventude. Não admira, por isso, que o último passo tenha sido dado por estes dias: uma empresa irlandesa publicou um anúncio de emprego. E estabeleceu: os fumadores escusam de candidatar-se. De acordo com o director da empresa, pessoas que fumam não revelam a inteligência necessária para trabalhar no covil irlandês. E cheiram mal. E são insuportáveis para terceiros.

O gesto indignou algumas consciências políticas e uma eurodeputada britânica resolveu levar o caso à Comissão Europeia, que pastoreia e vigia a vida do continente. Será legítimo excluir do trabalho alguém que fuma? A Comissão respondeu afirmativamente: a Europa proíbe a discriminação no emprego com base na raça ou etnia; na deficiência; na idade; na orientação sexual; na religião ou nas crenças. Mas não necessariamente quando uma empresa faz juízos objectivos sobre escolhas individuais. O problema já não está na mera possibilidade de proteger os não-fumadores do vício de terceiros, disponibilizando espaço próprio para os últimos. O problema está, tão só, na mera existência dos viciosos, que devem ser erradicados da paisagem comum.

Por favor, escusam de me enviar mensagens indignadas. A guerra acabou e, de certa forma, vocês, fanáticos, venceram. A luta contra o tabaco nunca foi uma luta pela saúde dos "passivos" (o que seria compreensível). Foi simplesmente uma luta contra a liberdade individual em nome de uma utopia sanitária: os fanáticos não desejam apenas que o fumo não os perturbe; desejam que a mera existência de um fumador também não. É a intolerância levada ao extremo e servida numa retórica simpática e humanista. E agora com cobertura legal.

A prazo, essa luta não irá ficar apenas pelo fumo: pessoas gordas; pessoas que bebem; pessoas que desenvolvem actividades sexuais promíscuas; pessoas inestéticas; pessoas que não se adaptam à cartilha higiénica das patrulhas serão enxotadas, como ratazanas da espécie, de qualquer presença visível numa sociedade crescentemente dominada pelo culto da saúde. Seremos como as tribos primitivas, elevando o corpo a um novo deus. Caprichosos e cruéis.

George Steiner, no mesmo ensaio, afirma que a Europa só não morrerá se souber preservar as suas "autonomias sociais": línguas, tradições, liberdades, excentricidades. E, citando o célebre dito de Aby Warburg, relembra que "Deus está nos detalhes".

Pobre George. Pobres de nós. De que vale o optimismo de um sábio quando os bárbaros são recebidos como heróis?

A orgia da dor
FSP, 13/9/2006

Ironias da história. No dia 10 de Maio de 1941, a aviação alemã resolveu lançar mais de 700 toneladas de bombas sobre Londres. A cidade ficou devastada, 3.000 perderam a vida e o símbolo máximo da destruição encontrava-se em Westminster: o Parlamento britânico fora reduzido a escombros.

Churchill, então primeiro-ministro, visitou os destroços na manhã seguinte. E perguntou: o que fazer com a destruição da cidade e, mais, com a destruição da Câmara dos Comuns?

A resposta seria avançada por Churchill dois anos depois: se os nazis destruíram o edifício, os ingleses voltariam a reconstruí-lo nos exactos moldes em que ele existira antes dos bombardeios. O discurso de Churchill, proferido em Outubro de 1943, é um dos grandes documentos na história do conservadorismo moderno: não apenas pela argumentação do primeiro-ministro, que a propósito de uma questão arquitectónica relembrava princípios anti-racionalistas que seriam posteriormente trabalhados por filósofos mais sistemáticos (como Hayek ou Oakeshott). Mas porque, para Churchill, reconstruir a Câmara dos Comuns era uma forma de reafirmar a perenidade dos valores liberais e democráticos.

É impossível não pensar neste episódio a propósito do 11 de Setembro. Ou, melhor dizendo, do 11 de Setembro de 2006. Leio que o espaço anteriormente ocupado pelas Torres Gémeas contará com quatro novos arranha-céus, assinados por nomes cimeiros da arquitectura mundial. Não está em causa a qualidade estética das obras, que aliás me parecem deslumbrantes (sobretudo o "edifício transparente" de Fumihiko Maki). Está em causa o significado moral desta construção: será acertado construir de novo, o que naturalmente implica apagar para sempre o que existia? Ou, pequeno sacrilégio, teria sido preferível voltar a erguer as torres que o terrorismo islâmico derrubou?

O clima presente não tolera esta questão. E não tolera porque, sempre que o aniversário dos atentados bate à porta, o mundo entra numa espécie de sentimentalismo mediático que impede qualquer reflexão genuína. O problema, entendam, não está na lembrança dos mortos — três mil, como no fatídico 10 de Maio de 1941. Está na forma ruidosa, excessiva, melodramática e obviamente plástica como os mortos são lembrados. Basta ler a imprensa ou acompanhar a televisão.

Ensaios sentimentais. Prosa poética de péssima qualidade. Imagens pretensamente épicas, acompanhadas por palavras pretensamente profundas. Documentários ficcionais que são lixo especulativo e dramático. E, pormenor fundamental, uma forma de consagração *pop* que transforma um acto criminoso e imperdoável numa encenação operática que deve fazer as delícias de qualquer terrorista. Todos os anos, o massacre de Nova Iorque é transformado em *videoclip*.

Se o terrorismo islâmico derrubou as Torres Gémeas, caberia à cidade voltar a erguê-las na sua justa medida. E os mortos? Os mortos são chorados e lembrados em silêncio. O carnaval que corre pelo mundo não passa de uma orgia macabra de dor.

Tudo é ressentimento
FSP, 25/4/2007

Um psicopata sul-coreano de 23 anos entrou numa universidade americana e abateu 32 pessoas. Nos dias seguintes, um vídeo do criminoso passou nas televisões do mundo inteiro e o mundo inteiro abriu a boca de espanto. Como é possível conceder a Cho Seung-hui os seus 15 minutos de fama?

Talvez eu esteja errado. Mas, no massacre da Virgínia, o vídeo que o criminoso gravou para a posteridade é a única coisa que se salva. Digo mais: devia ser obrigatório nos departamentos de História e Ciência Política das universidades ocidentais. Ele mostra, de forma impressiva e brutal, o que Turgenev, Dostoiévski e Conrad escreveram há um século. Que tudo é ressentimento na cabeça totalitária de um terrorista.

Os comportamentos do personagem são conhecidos. O ódio ao mundo. O ódio à sua própria condição marginal numa sociedade competitiva e livre. A vontade de destruição radical, como se essa destruição fosse redentora para ele. E a declaração final de que foram os outros, e não o próprio, que o obrigaram a gestos extremos. Foi o ressentimento, e não as armas, Bush ou o "capitalismo selvagem", que envenenou a cabeça de um ser humano.

Aconteceu no passado e Roger Scruton, um dos mais notáveis pensadores contemporâneos, explicou o fenómeno no ensaio "The Totalitarian Temptation", agora publicado no livro *A Political Philosophy*. Retomando Nietzsche e a noção de "ressentiment", embora recusando o significado que o alemão lhe atribuía como sentimento próprio da "moralidade cristã", Scruton explica como os movimentos totalitários, em política, não se limitam à sua dimensão "ideológica" ou "sistémica". O totalitarismo, que para Scruton é anterior ao século XX e emerge com a Revolução Francesa, Robespierre e o Terror, começa com seres humanos concretos que transportam para a arena pública os seus próprios ressentimentos privados.

A tentação totalitária é a tentação dos ressentidos. De todos aqueles que encaram o poder não só como forma de transformação do mundo mas sobretudo como instrumento de destruição de um mundo de que se sentem excluídos. Por isso, ao chegarem ao poder, na França de 1789, na Rússia de 1917 ou na Alemanha de 1933, os ressentidos procuram destruir instituições que conferiam poder aos outros. A lei, a propriedade privada, a religião e qualquer outra fonte de poder "intermédio" entre o Estado e os indivíduos.

Mas o ressentido não procura só destruir qualquer princípio de autoridade que se oponha à sua própria autoridade. Ele entende que não há destruição sem inimigo e a tentação totalitária exige um grupo capaz de expiar todas as falhas. A aristocracia para os jacobinos. Os burgueses e os *kulaks* para os comunistas soviéticos. Os judeus para os nazis. E, numa escala menor e individual, os "miúdos ricos" para Cho Seung-hui, o monstrinho solitário que deplorava nos outros o "materialismo", o "deboche" e a indiferença perante ele. Olhar e escutar o criminoso da Virgínia é uma lição preciosa para entender dois séculos de política e ressentimento.

Cuidado com os virtuosos
FSP, 18/3/2008

A história é conhecida: o presidente francês, divorciado, conheceu e casou com modelo e cantora de proporções generosas e beleza *idem*. Resultado? Queda de popularidade. Sim, a economia não está famosa e Sarkozy prometeu mais do que cumpriu. Mas o problema central parece ser o entusiasmo público de Sarkozy por Carla Bruni. Os franceses não gostam de entusiasmos.

Estranho. Eu julgava que um estadista sexualmente activo devia ser causa de orgulho para a nação. Vejam Renan Calheiros: quando o escândalo rebentou, eu confesso que não prestei muita atenção a questões de dinheiro. A minha atenção foi inteira para Mônica Veloso. Um político brasileiro que namora Mônica Veloso não devia ser corrido da arena pública. Devia ser agraciado com uma estátua e receber os aplausos do seu povo.

O Brasil discordou. A França também discordaria. E alguns moralistas gauleses, como Jean-Louis Debré, presidente do Conselho Constitucional, pedem "compostura" a Sarkozy, um homem apaixonado pela sua própria mulher. As palavras do ridículo Debré, que são as palavras da maioria do povo francês, não são apenas pedestres. Elas parecem ignorar um aspecto histórico do problema: a última vez que os franceses tiveram um político "composto" e a roçar o virginal, morreram 2000 pessoas em cinco meses. O político em causa nasceu há 250 anos e chamava-se Maximilien de Robespierre.

Quem foi Robespierre? A historiadora britânica Ruth Scurr apresenta o personagem em *Fatal Purity: Robespierre and the French Revolution*, provavelmente a melhor biografia que li nos últimos tempos. Antes da Revolução Francesa, Robespierre não passava de um advogado modesto em pequena cidade do norte de França, com particular talento para defender os pobres e oprimidos. Educado no Collège Louis-le-Grand (por onde passaram Molière ou Voltaire), quis o destino que o jovem Robespierre, com 21 anos, fosse o escolhido entre os 500 alunos do colégio para fazer a apologia do rei Luís XVI no mesmo dia em que o monarca foi coroado em Reims.

Mas o destino, sempre irónico, voltaria a colocar Luís XVI na rota de Robespierre. Depois da queda da Bastilha, o "Incorruptível" (como ficou conhecido) foi subindo na hierarquia revolucionária, convertendo-se no rosto do fanatismo e do Terror que guilhotinou o rei, a rainha, os inimigos da Revolução (reais ou imaginários) e até os amigos mais próximos da facção jacobina que Robespierre liderou (como Danton ou Camille Desmoulins). Como explicar essa carreira fulgurante?

Numa palavra, "virtude". E, para o celibatário Robespierre, "virtude" não é simplesmente uma qualidade privada. Para o verdadeiro estadista, não existe distinção entre o público e o privado quando está em causa a salvação da República. A "virtude" é um conceito total e totalitário; e os "inimigos do povo" (uma categoria famosa que Robespierre inventou) não eram simplesmente os que procuravam restabelecer a monarquia ou atrasar a marcha da Revolução. Como se lê em discursos ou peças legislativas, "inimigo do povo" era todo aquele que não respeitava a moralidade.

Não admira que Luís XVI ou Marie Antoinette tenham sido guilhotinados como "inimigos do povo". Eles não apenas representavam o Antigo Regime, mas uma vida de luxúria, deboche e até incesto que incomodava profundamente a cabeça puritana dos jacobinos. Como também não admira que este puritanismo doentio tenha devorado os seus próprios filhos. Quando Danton, em momento de humor, confessava a Robespierre que "virtude" era tudo aquilo que ele fazia na cama, todas as noites, com a mulher, o insuspeito revolucionário mal imaginava que apenas contribuía para o seu fragoroso extermínio.

Nos 250 anos do nascimento de Robespierre, os franceses esqueceram o seu maior tirano. Mas continuam herdeiros do espírito e não toleram a "devassidão" do presidente Sarkozy.

Claro que eu posso estar errado e talvez os franceses não desejem um político "virtuoso", mas simplesmente hipócrita. Como Mitterrand, por exemplo, que durante a semana vivia com a amante e ao fim de semana regressava para a família oficial — um belo arranjo que permitiu a Mitterrand esconder a filha ilegítima durante grande parte da existência de ambos. Se é esta a ideia de "compostura" que os franceses apreciam, as minhas desculpas: alguém devia avisar o presidente.

O dia em que Saddam derrotou Cicarelli
FSP, 14/1/2007

A vida não está fácil para os internautas. Leio sobre o episódio da suspensão do célebre vídeo de Daniella Cicarelli numa praia espanhola. Porquê numa praia espanhola quando Portugal estava mais perto? Mistério. Divago. No momento em que Cicarelli desaparecia dos radares, os internautas elegiam o vídeo da execução de Saddam como um dos mais vistos do YouTube.

Foram milhões de visitas para espectáculo tão pobre, tão bárbaro e tão repulsivo. Chamem-me moralista. Mas quando se proíbe um pouco de pornografia *light* e se aplaude a pornografia mais *hard*, algo está errado. Entre Cicarelli e Saddam, o mundo prefere um homem com bigode.

Bem sei que o leitor acabou de torcer o nariz. Não negue. Eu vi. Será possível, pensa o leitor com o seu moralismo inflamado, comparar o sexo e a morte? Não, leitor. Possível, não. É inevitável. O sexo começa tudo o que somos. A morte termina com tudo o que fomos. Numa formulação mais respeitável, a minha vontade seria escrever que o sexo e a morte são as duas únicas certezas desta vida, embora nos últimos tempos o respeitável leitor tenha tido algumas dúvidas sobre a primeira. Não negue outra vez.

Por isso a pornografia é importante: eu entendo o que leva um adolescente, ou um adulto em fase adolescente, a procurar pornografia. Fenómeno de compensação: dois corpos em fornicação maquinal sempre servem como aperitivo. Sobretudo na ausência de pratos principais. A masturbação não é um vício solitário. É uma espécie de *ménage à trois* entre o sujeito, a mão do sujeito e um fantasma imaginário, que se deseja presente. Satisfaz. Não convence.

Exactamente como as vidas seguras e higienizadas do Ocidente moderno. Satisfazem. Não convencem. Sim, tivemos duas guerras mortíferas no século XX que enterraram as ilusões sobre a natureza dos homens. Mas, apesar do sangue das trincheiras, e do Holocausto, e da miséria material e humana que os conflitos arrastaram, a verdade é que a violência foi recuando das nossas vidas. Converteu-se na excepção da regra e não, como acontecia nas sociedades dos nossos antepassados, em parceiro omnipresente. Talvez na Somália ou no Sudão as coisas não sejam bem assim. Ou no Iraque. Ou — voz baixa, alguma tosse — no Rio e em São Paulo, quando a criminalidade mostra as garras. Mas vocês percebem a ideia: as nossas vidas estão mais seguras, não menos. E tanta segurança acaba fatalmente por cansar.

Pior: cansa e não consegue eliminar um certo gosto por violência e adrenalina, pulsão primitiva que a civilização reprime mas não destrói completamente. Não é preciso ler Freud sobre o assunto. Basta olhar em volta: quando os adultos se multiplicam em desportos radicais, eles não se limitam a cansar o corpo. O corpo é um detalhe. Eles procuram derrotar o espírito: esse tédio crescente que sempre foi o grande terror dos homens modernos.

E um terror, por definição, tem de ser exorcizado. Assistimos ao vídeo de Saddam e consumimos pornografia com uma voracidade crescente para compensar o que não temos: violência e sexo. E, compensando, transgredimos o que somos: criaturas seguras e, nas sociedades urbanas e pós-industriais, crescentemente solitárias.

Espreitar pelo buraco da fechadura é sentir mexer por dentro (ou, no caso da pornografia, por fora) um músculo que julgávamos adormecido.

O direito à infelicidade
FSP, 30/8/2006

É um dos fenómenos mais interessantes: compramos a imprensa brasileira e, nas tabelas de *best-sellers*, encontramos ficção, não-ficção. E a outra. Qual outra? A categoria de auto-ajuda, claro. Acompanho sempre. Leio sempre. Não digo compro sempre, mas percebem a ideia. Mais: quando cruzo o Atlântico e entro numa livraria brasileira, faço vénias respeitosas aos autores canónicos. Bom dia, sr. Machado. Como está, sr. Freyre? Passe bem, sr. Bilac. Mas avanço, ladino como um diabo, para a secção de auto-ajuda. E por lá fico, lambuzando os meus olhos insanos com dezenas e dezenas de conselhos "filosóficos". Terei cura?

Duvidoso. E o exercício, pelo masoquismo evidente, não promete um futuro tranquilo. Desde logo porque a experiência alimenta em mim uma tristeza profunda.

Coisa estranha: manuais sobre a felicidade deviam proporcionar alguma. Não proporcionam. Quando termino a leitura de um, e de outro, e de mais outro ainda, a minha infelicidade já subiu ao Everest. Por cada "conselho", a úlcera incha. Por cada "máxima", o tumor cresce. E quando estou saciado deste festim cruel, saio para a rua. A rastejar. Como um verme. Como o verme que sou.

Explicações? Não tenho muitas. Sim, os livros são essencialmente falsificações grosseiras de ciência (ou filosofia) praticadas por pseudocientistas (ou pseudofilósofos) que julgam ensinar o que apenas se aprende, vivendo. Sem falar do óbvio: não existe uma "solução final" para todos os seres humanos, indistintamente considerados. E se o leitor sentiu um arrepio de horror pela espinha abaixo com semelhante expressão, confesso que foi de propósito: porque na ideia de uma "solução final" está sempre um convite para a tirania. E os manuais de auto-ajuda são exemplos de tirania. De pequenas tiranias consumidas por escravos dóceis e fiéis que acreditam em dois equívocos.

O primeiro é conhecido: não existe manual de auto-ajuda que não apresente o infortúnio como um elemento estranho à condição humana. A tristeza é uma anormalidade, dizem. O fracasso não existe e, quando existe, deve ser imediatamente apagado, ordenam. Na sapiência dos manuais, a infelicidade não é um facto; é uma vergonha e uma proibição.

O que implica o seu inverso: se a infelicidade é uma proibição, a felicidade é obrigatória por natureza. Obrigatória e radicalmente individual. Ela não depende da sorte, da contingência e da acção de terceiros: daqueles que fazem, e tantas vezes desfazem, o que somos e não somos. Depende, exclusiva e infantilmente, de nós. O tom é militar e marcial; a felicidade é uma batalha e uma conquista. E eu rendo-me ao primeiro disparo. Quem suporta semelhante fardo? Quem consegue suportar a obrigação totalitária de ser feliz?

Todos os dias, um batalhão de brasileiros corre às livrarias do bairro em busca do que não pode ser procurado. Apenas vivido e, sem explicação ou regra, encontrado quando encontrado. A "busca da felicidade" não passa de um cliché televisivo que só alimenta a infelicidade dos desesperados.

O inferno são os outros
FOL, 1/10/2007

Não uso relógio. Nem sequer para despertar. Despesa inútil. Os meus vizinhos tratam do assunto por mim, todos os dias, nos sete dias da semana. Mudei de casa há uns meses e fiquei abismado com a pontualidade dos bichos. Comecei por tirar apontamentos. Interesse científico, não mais. Hoje, conheço a rotina deles, e a minha, que recito de memória como os Gregos Antigos recitavam as canções de Homero.

Durante a semana, tudo começa com o vizinho de cima que usa a casa de banho às seis da manhã. A mulher usa às seis e quinze. Sei distinguir os géneros pelo fluxo urológico: intermitente, o dele; contínuo, o dela. Problemas de próstata, aposto. Depois, a água do lavatório corre, ele provavelmente faz a barba. Não sei quem usa o secador. Pela expressão industrial do som, é ela. A julgar pela dimensão do penteado, que me assaltou certo dia no elevador, é *definitivamente* ela. Às sete, abrem a porta do apartamento. Usam as escadas (de manhã), porque é mais rápido. Ela fala muito. Ele não fala nada. *The end*? Longe disso. É pelas sete que os vizinhos do lado continuam a sinfonia inacabada. Confesso que não são tão pontuais como os vizinhos de cima. Às vezes, com indisfarçável preguiça, acordam às sete e dez, sete e quinze; depois, acordam as crianças, dois anjos que começam imediatamente a destruir a casa e as minhas últimas réstias de sanidade. Das sete e vinte às oito e pouco, os pais tomam banho; os filhos já tomaram na noite anterior e aproveitam a ausência dos pais para deitar fogo à casa.

Brinco. Ou quase. Os desenhos animados passam agora na televisão com potência sonora que daria para alimentar um estádio. O prédio treme. Perante o excesso, a mãe grita com os filhos. Os filhos, num belo retrato da educação moderna, gritam com a mãe. Aposto que batem na mãe. E eu, como qualquer cinéfilo amador perante as torpezas do vilão, pergunto com unhas roídas: "E o pai? Onde está o pai, meu Deus?"

O pai entra em cena, acaba com a discussão e, pela violência dos golpes, acaba com os filhos. São segundos de silêncio, segundos de *suspense*, quebrados finalmente pelo choro das crianças, que começa em crescendo, como nas aberturas de Wagner. Fenómeno fascinante: elas nunca choram ao mesmo tempo. A orquestra está suficientemente afinada para que uma avance quando a outra se cansa. Às oito e meia, a família abandona o lar. Aplausos, aplausos.

Tenho duas horas de descanso. Até às dez e meia, altura em que o vizinho de baixo entende ser seu dever moral contribuir para a minha educação nas áreas do *metal*, *trash*, *black metal*, *doom metal* e *manicómio metal*. Em matéria de radioactividade, não há diferenças entre Lisboa e Chernobyl. Pelas onze, avançam os *Sepultura*. Pelas onze e dez, eu peço para ser sepultado. E começo a redigir o meu testamento para o caso de me encontrarem na banheira, o único sítio da casa onde posso dormir e até escrever sossegado. Como Vinicius de Moraes, sim, que seguramente tinha vizinhança igual.

Pena que a banheira nem sempre resulte: aos fins-de-semana, por exemplo, os meus vizinhos aproveitam as manhãs livres para fazerem o que Adão e Eva começaram depois do episódio da maçã. A minha casa de banho, não perguntem porquê, amplifica as intimidades.

Os de cima são silenciosos e rápidos. Em dez minutos, e como diria Glauber Rocha, é a terra a transar. Das onze às onze e dez, existe uma cama e existe o triste ranger da cama. Não trocam palavra. Ou trocam — mas eu não consigo ouvir. Pena. Quando a água chapinha no bidé, sabemos que a paixão também corre pelo cano. Até ao sábado seguinte.

Mas estranho são os vizinhos do lado. Com duas crianças, eles conseguem repetir a dose e a senhora leva o prémio Meg Ryan da Semana. Com a diferença de que Meg Ryan fingia o orgasmo. Aqui, não, violão. É impossível, humanamente impossível, fingir uma coisa destas: gritos sincopados, como a sirene de uma ambulância, que termina com um vigoroso rugido selvático, na melhor tradição Metro-Goldwyn-Mayer.

Felizmente, o amor do vizinho de baixo pelo *rock* metálico já o deixou surdo há muito para os chamamentos de Cupido. Nenhum sexo por aquelas bandas. Excepto se o ladrar do cão, que se prolonga por 24 horas, for a cobertura perfeita para um verdadeiro Casanova dos infernos. Prometo investigar.

A dúvida é inevitável: chegou o momento de eu trocar de casa? Não creio. Não apenas porque o cenário seria provavelmente pior, ou igual. Mas porque existe em toda esta sinfonia um fundo familiar, e até teatral, que simplesmente me encanta. Teatral? Nem mais. Deitado na escuridão da cama e com o sono desfeito em farrapos, eu sou uma espécie de encenador por antecipação, que dá ordens mentais aos seus actores privados.

"Correr a água."

Eles correm a água.

"Bater nas crianças."

Eles batem nas crianças.

"Rugir como um leão."

Rrrrrrrrrrrrrrr...

Além disso, seria duvidoso que eu encontrasse em qualquer outro bairro da cidade leitores desta *Folha* tão fiéis como os vizinhos de cima, de baixo e do lado.

Mortos-vivos
FOL, 8/1/2007

O problema de um hipocondríaco não é a doença. É o medo da doença. Sei do que falo. Sou hipocondríaco há trinta anos. Isto significa que, ao mínimo sinal de alarme, eu fico, numa palavra, alarmado. O meu primeiro gesto é acalmar-me. Quimicamente falando, claro. A garganta dói? Eu tomo um calmante. O corpo dói? Calmante. Existem sinais de febre — e a febre, comigo, começa aos 37? Calmante. Antes da doença propriamente dita, eu preciso de uma armadura guerreira para enfrentar os Quatro Cavaleiros do Apocalipse. A minha armadura é o calmante. Depois, e só depois, eu estou pronto. Pronto para a batalha.

Foi assim que 2007 começou para mim. Não foram apenas os excessos dos últimos dias que me condenaram a uma cama infecta e terminal. A gripe chegou, não pediu licença para entrar e instalou-se no meu corpo condenado. Eu senti: leve dor na parte frontal, uns arrepios de frio pela espinha abaixo, alguma tosse pelo cano acima. Tomei dois calmantes, deitei-me e mandei chamar a família. Despedi-me dos parentes próximos. Depois telefonei aos distantes. Os amigos também vieram, também me ouviram. "Eu amo-vos, a sério. Nem sempre fui a pessoa que vocês desejavam, talvez por fraqueza, talvez por estupidez. Mas parto de consciência tranquila. É tão cedo, eu sei. Contem a minha história." Às vezes levanto um braço e aponto para a janela, para o céu escuro que corre lá fora. "A luz apaga-se, a luz apaga-se. Por falar nisso, que horas são?"

A gargalhada é geral. Pior: entre acusações de loucura, alguns dos presentes insultam o moribundo. É nesses momentos que o moribundo, apesar do medo da doença, não se importaria de ter coisa séria para mostrar. E, quem sabe, talvez finar. Para que o mundo em volta pudesse definhar com remorsos e o meu fantasma, pendurado sobre as consciências deles, a sussurrar: "Eu disse, eu avisei."

Infelizmente, a noite chega e existem sinais de melhoras. Por favor, não abram as garrafas. Ainda. Os sinais são ténues. A febre desceu, *ma non troppo*. Confirmo. Confirma-se. Um hipocondríaco nunca mede a temperatura uma vez. Mede três, quatro, cinco vezes. Seguidas. E sempre incrédulo com a melhoria do corpo. Como se um corpo saudável fosse uma conspiração contra ele. 37,5°? Só?

Levanto-me. Frágil. Rasgo o testamento que fui rabiscando nas últimas horas — os meus livros, os meus discos, as minhas cuecas. A minha *lingerie*. Esqueçam a *lingerie*. E então sinto que Deus conferiu uma segunda oportunidade. Deus já concedeu várias. Estou vivo. Uma alegria sincera vai crescendo no meu peito. Não é coisa normal. Esta alegria estranha que cresce no meu peito. Definitivamente, ainda é cedo para festejar. Regresso aos lençóis enquanto a alegria não passa.

*

Existem vantagens na doença. Lemos mais do que seria suposto. Lemos menos do que seria desejável. Em três dias de cama, devorei o segundo volume de memórias de Gore Vidal, *Point to Point Navigation*, uma continuação e, em certos casos, uma repetição de *Palimpsest* (sentença: Vidal, aos 80, ainda não tem herdeiros; *sorry*, Anthony Lane); uma biografia sobre Kingsley Amis (*The Life of Kingsley Amis*, de Zachary Leader) que me obrigou a regressar a *Lucky Jim*, um dos mais divertidos romances da segunda metade do século XX. E jornais, e revistas. E balanços (de 2006), e previsões (para 2007). Fui passando os olhos com certo fastio. Milagre: a minha atenção acaba por pousar em estudo do Instituto Max Planck (Berlim, Alemanha) que prova o inevitável: as maiores inimigas das mulheres são, temo bem dizer, as mulheres.

Conclusões do estudo: quando uma mulher atinge um lugar de liderança, a discriminação é exercida maioritariamente sobre as outras mulheres, e não sobre o sexo oposto. As investigadoras (duas mulheres; duas rivais?) classificam o cenário como "Síndroma da Abelha Rainha", uma espécie de "Fêmea-come-Fêmea-no-local-de-trabalho". Não se excitem.

Explicações? A clássica: os estereótipos cultivados durante séculos de dominação masculina acabaram por ser inconscientemente assumidos pelas primeiras mulheres a furar o machismo reinante. Quando a donzela chega ao topo, ela despe a saia (hmm...) e veste calças para exercer o seu mando, ou seja, o seu lado masculino. A culpa não é dela, coitada. A culpa é dos homens que envenenaram a cabeça dela.

Não estou com forças — físicas, mentais — para rebater o estudo. Concordo com a delirante rivalidade feminina, que explico por motivos essencialmente narcísicos. Mas esta ideia de que os homens exploram as mulheres não se comprova no meu caso. Falo por mim (e, tudo bem, por meia dúzia de amigos próximos, homens, que dariam tudo na vida para entregarem os seus destinos a mulheres profissionais). Eu próprio imagino esse dia com mulher perfeitamente emancipada, que partilho com o leitor descrente:

7h
Ela: Acorda, levanta-se.
Eu: Acordo com movimentações no quarto, viro-me para o outro lado e adormeço com um sorriso infantil.

8h
Ela: No interior do carro, no meio do trânsito. Telemóvel frenético.
Eu: Durmo ainda. Telemóvel desligado.

9h
Ela: Reunião com colegas de trabalho. Discussão. Neurose. O ritmo cardíaco já está acelerado.
Eu: Durmo ainda. Telemóvel desligado.

10h
Ela: Pausa para café. Conspiração contra as outras mulheres. Transpiração evidente. Stress. Queda capilar. (Lepra?)
Eu: Acordo. Olho para o relógio. "Ainda é cedo", penso. Adormeço.

11h
Ela: Estuda dossiê complexo que exige relatório até às 17h. Sem falta.
Eu: Banho demorado. Gabriel Fauré a rolar no aparelho.

Meio-dia
Ela: Almoço. Sandwich de pepino. Sumo de cenoura. Em meia-hora.
Eu: Almoço demorado com alguns amigos em restaurante do centro. Duas garrafas de vinho só para o primeiro prato. Brindamos à revolução feminista que levou as mulheres ao poder.

13h
Ela: De volta ao escritório. Sete chamadas telefónicas para responder. Com urgência, sempre com urgência. E o relatório até às 17h.
Eu: Comecei o segundo prato. Favor não incomodar.

17h
Ela: Enxaqueca. Forte. Relatório concluído. Infelizmente, com erros de cálculo. "Gostaria que a doutora viesse ao meu gabinete", avisa o chefe. Ou a chefe. Melhor ser *a* chefe. A doutora vai, com a alegria própria de um farrapo.
Eu: Um filme antigo de Minelli na televisão. Assisto, antes de ir à massagem com uma ninfa asiática que dedilha o meu corpo com sabedoria secular.

20h
Ela: Regressa a casa, vinda directamente da Somália.
Eu: Regresso a casa, vindo directamente da massagem. Pergunto: "Como foi o teu dia, querida?"

O livro dos mortos
FSP, 20/12/2006

Começa a ser obsessão minha, que partilho com o leitor: sento-me num café ou num restaurante, em Portugal ou fora dele. Mas o cenário, invariavelmente, é citadino. E então contemplo. Mas contemplo o quê?

Contemplo ruínas, porque as ruínas sempre alimentaram almas românticas. Falo de casais com idades variáveis, com filhos ou sem, normalmente sem, que respiram, comem e bebem sem trocar palavra ou olhar. Consultam o cardápio. Encomendam. Esperam (em silêncio). Comem (em silêncio). Ficam parados no vazio depois de cruzar a faca e o garfo (em silêncio). E quando se olham — pela primeira vez em 20, 30 minutos — é só para confirmar se chegou a hora da conta. Pagam, levantam-se, vão. Em silêncio. Por sorte nenhum deles se levanta primeiro e vai embora sem avisar. O outro ficaria onde está. Em silêncio.

Eu julgava que este estranho hábito era só meu. Existem pessoas que preferem monumentos, lojas ou museus quando aterram em solo urbano. Eu faço parte das pessoas que preferem pessoas. Em cada memória de uma cidade, onde estive ou vivi, o que restam são pessoas. E também esses rostos de silêncio que atravessam as horas na mais profunda solidão que existe: a solidão de dois, vivida a dois, em que o tempo passou mas, ao contrário de um verso de Rilke, nenhum é já o guardião do outro.

Sim, eu julgava que este estranho hábito era só meu. Engano. Sei agora que, em 1993, o fotógrafo inglês Martin Parr dedicou livro ao assunto: um álbum com título simples (*Bored Couples*) e casais em público que vivem juntos, mas não necessariamente um com o outro. Parr, nascido em 1952, estudou fotografia em Manchester e hoje ensina no País de Gales. Tem três dezenas de livros publicados e uma obra que, palavras do próprio, recusa o rótulo de "artística". Ele limita-se a documentar a realidade, sem intromissão ou julgamento.

Não cabe aqui uma discussão sobre o estatuto "artístico" de Parr: "documentar a realidade" em fotografias de expressão artesanal pode ser uma reactualização do espírito realista que, no século XIX, também captava as faces cansadas, e ausentes, de passageiros a regressar a casa sob a luz triste e artificial de um vagão de terceira classe.

Mas as fotografias de Parr são mais do que documentos. São um convite à intromissão: do olhar, primeiro; e da imaginação, depois. Cada uma delas permite a nossa atenção clínica a duas ausências; o espanto e a comiseração pelo naufrágio evidente; e a pura invenção de histórias ficcionais para personagens banais, imaginando origens e destinos e a forma como o amor, se algum dia existiu, se foi esboroando até só restar nada de nada. E, provavelmente, sem ninguém contar: o coração parou de bater, os corpos ficaram no meio da sala, a televisão a meio som. Até ao dia em que os vizinhos começaram a bater à porta, cansados do ruído, a reclamar do cheiro.

Diz a canção que não há coisa mais triste do que o amor quando se desfaz. Mas há, sim: é um amor que se desfaz, deixando ficar apenas dois cadáveres por enterrar.

Fim da linha
FSP, 19/11/2005

Michel Houellebecq, o *enfant terrible* das letras francesas, começou bem. Foi em 1994, com *Extension du domain de la lutte*, relato na primeira pessoa de jovem informático a caminho do abismo. O tom do romance, mistura de ironia e sarcasmo sem a verborreia típica dos novos escritores franceses, conquistava o público e inflamava a crítica. O segundo romance, *Les particules élémentaires*, trouxe a consagração: ao denunciar os excessos da geração libertária da década de 60, a vida dos gémeos Bruno e Michel ampliava as obsessões do romance anterior. O mesmo cansaço emocional. O mesmo individualismo suburbano. A mesma impossibilidade de amor ou afecto em existências crescentemente alienadas. Depois de 1998, ou seja, depois de *Les particules*, a questão inevitável: para onde, agora?

Houellebecq respondeu em 2001, com *Plateforme*. Ou, melhor, não respondeu: ao escrever a história de Michel, funcionário público que procura fugir do vazio existencial com sexo e experimentação em clubes orientais, Houellebecq repetia a fórmula anterior e o romance não exibia a força criativa e verbal de *Les particules élémentaires*. Dizem que *Plateforme* foi premonitório: o romance de Houellebecq termina com atentado terrorista num *resort* turístico, anos antes dos atentados reais em Bali. Talvez. Mas estamos a falar de literatura, não de adivinhação. Por isso o romance seguinte a *Plateforme* ganhava contornos decisivos. Estaria Houellebecq preparado para subir um novo degrau?

La Possibilité d'une île, que perdeu o prémio Goncourt mas ganhou o Interrallié, é uma história a três vozes, em dois tempos distintos. A primeira voz pertence a Daniel, conhecido no livro por Daniel1, um personagem que é Houellebecq *vintage*: humorista radical, com gosto sórdido por piadas racistas, pedófilas, canibais, parricidas, bárbaras e bestiais (no sentido zoológico do termo), Daniel1 chegou ao fim da linha, incapaz de suportar as gargalhadas do seu público. Este cansaço do riso é, no fundo, metáfora de um cansaço da humanidade: o riso é um traço exclusivamente nosso. Mas Daniel1 não se libertou do seu romantismo, dessa crença platónica de que o amor nos preenche e completa. O romantismo de Daniel1 acabará por destruí-lo e a sua paixão por Esther, jovem actriz espanhola, com gosto apurado por sexo sem compromisso, será a sua sepultura. Ele, Daniel1, velho e gasto; ela, Esther, jovem e sexualmente carnívora: a típica receita para o desastre. Sobretudo numa cultura que elevou a juventude a alturas impensáveis.

A situação levará Daniel1 a aproximar-se de uma estranha seita, paródia dos raelianos. A seita recebe o nome de elohimitas e, em pouco tempo, acabará por arrasar a concorrência das teologias tradicionais. Os elohimitas prometem juventude eterna: a possibilidade de reprodução eterna do DNA em clones humanos, adultos e, palavra fundamental, jovens. Daniel1 entra na dança e despede-se da vida.

Mas não se despede do mundo. Dois mil anos depois, Daniel24 e Daniel25 continuam a narrativa. O mundo ficou destruído pela estupidez bélica dos homens e pelas alterações do clima. As cidades estão arrasadas. Todas as obras de arte também. Sobraram alguns humanos, que os clones neo-humanos designam como "selvagens". Os neo-humanos, como Daniel24 ou Daniel25, vivem protegidos numa espécie de condomínio civilizacional. Não conhecem o amor e as suas tragédias. Não conhecem o medo da morte porque não existe morte: quando a vida termina, passam o testemunho para o clone seguinte. Sem drama.

O problema é saber se a eternidade basta. Os neo-humanos de Houellebecq não conhecem a dor, o desencanto e tudo aquilo que define a nossa precária condição. Mas também não conhecem propriamente a felicidade. Apenas uma existência desabitada. Isto, naturalmente, cansa. E Daniel25 sente esse cansaço, resolvendo sair da sua gaiola dourada para conhecer o mundo humano que restou. Fatalmente, é tarde: os neo-humanos vivem no vazio e o vazio é o único sentimento que conhecem. O filósofo Schopenhauer estava errado: não se atinge a satisfação pelo simples apagamento do desejo vital. Atinge-se, simplesmente, a vacuidade.

O livro é audaz e o gosto de Houellebecq pelas descrições humanas, a começar pelas sexuais, revela o sentido paródico que trouxe sucesso e polémica. Mas existe em *La Possibilité d'une île* a desagradável sensação de que ele foi clonado de romances anteriores. Daniel1 é apenas uma adaptação do engenheiro informático de *Extension*, ou mesmo de Michel, o funcionário público de *Plateforme*: a mesma depressão gentil, esse *detáchement* que começa por ser promessa de refúgio e termina em dor insuportável. E, claro, o cansaço civilizacional e a promessa de um futuro biologicamente perfeito é uma repetição de *Les particules élémentaires*.

O que não deixa de ser irónico: o mundo de Houellebecq é feito de esgotamento moral e intelectual. Mas esse esgotamento passou agora do papel para o autor, contaminando o último refúgio da criatividade.

As boas noites de Brecht
FOL, 6/3/2006

Simpatizo com George Clooney. Existe ali a aura do cinema clássico e uma consciência "liberal" que, ao contrário de Michael Moore, não horroriza. Por isso vejo, com prazer moderado, *Good Night, and Good Luck*, exercício académico, em tom documental, sobre a luta entre Edward R. Murrow, o lendário jornalista da CBS, e o senador Joseph McCarthy, que entre 1950 e 1955 soltou os cães contra o comunismo na América. Curioso: em 1950, caçavam-se comunistas mas os fumadores eram deixados em paz. Sessenta anos depois, é o contrário. Evolução.

Esclarecimento prévio: caçar comunistas não é desporto de gente civilizada. Alger Hiss ou o casal Rosenberg eram a prova viva de que em 1950 a espionagem soviética existia e persistia nos Estados Unidos? É um facto. Como também é um facto que, em perspectiva, Washington perseguia os dissidentes mas Moscovo fuzilava-os. E daí? Nada disto altera o essencial. E o essencial foram centenas de vidas que um alcoólico demente, McCarthy, foi perseguindo, e até destruindo, com histérica ferocidade. Acabou mal e acabou cedo, aos 47 anos. Mas o mal maior já estava feito. Tarde demais.

Mas se Joseph McCarthy caçou comunistas na década de 50, não deixa de ser irónico que o caminho para McCarthy tenha contado com a "colaboração", no duplo sentido do termo, do dramaturgo Bertold Brecht, que em 1947 deu contributo decisivo para destruir a última barreira da decência. A história não é "oficial" e as consciências "liberais" nunca conviveram bem com ela. Ou, então, desconhecem os contornos. Sugestão bibliográfica: o livrinho magistral que a escritora Patricia Bosworth publicou há uns anos pela Simon & Schuster e que leio agora com admiração e pasmo. Título: *Anything Your Little Heart Desires*. "Corny", sim. Mas a leitura é tudo, menos.

Que nos conta Bosworth com erudição (muita) e elegância (*idem*)? O livro, que no essencial é uma história da família (mais precisamente sobre o pai, Bartley Crum, famoso advogado), revisita a primeira caçada em Hollywood, três anos antes de McCarthy chegar à Comissão das Actividades Anti-Americanas. A "ameaça vermelha" estaria disseminada pela indústria de cinema? Parnell Thomas, um antecessor de McCarthy, acreditava que sim. Aliás, não só acreditava como era firmemente assegurado sobre o assunto por "testemunhas amigáveis", como Reagan, Disney ou Ayn Rand, que nomeavam nomes em sessões de delação pública.

Mas a Comissão não se alimentou apenas de "testemunhas amigáveis". O momento crucial desta primeira perseguição "mediática" acabaria por chegar com 19 testemunhas menos "amigáveis", ou mais propriamente "hostis", que seriam intimadas a depor perante Parnell Thomas. Entre elas estavam os realizadores Edward Dmytryk, Lewis Milestone ou Robert Rossen; o actor Larry Parks, que fora Al Jolson em *biopic* célebre um ano antes; Howard Koch, um dos argumentistas de *Casablanca*; e, claro, Bertold Brecht, exilado nos Estados Unidos, depois da fuga da Alemanha nazi em 1933. Nasciam, enfim, os "Hollywood Nineteen".

Patricia Bosworth explica, com uma arrasadora simplicidade, que a estratégia de defesa dos 19, de que o pai fazia parte, se esforçou, desde o início, por denunciar a natureza inconstitucional da Comissão. Pergunta: Parnell Thomas desejava saber, como McCarthy depois dele, se os 19 eram, ou tinham sido, membros do Partido Comunista? Resposta da defesa: isso violava a Primeira Emenda, que garantia liberdade de expressão e crença. A única forma de derrotar Parnell Thomas era não responder às suas questões. O silêncio dos 19 retiraria à Comissão a sua legitimidade e, caso perdessem, o Supremo Tribunal, largamente dominado por uma sensibilidade mais "liberal", faria o resto. Os 19 subscreveram a estratégia da defesa: matar a Comissão logo à nascença.

Subscreveram e aplicaram. As dez primeiras testemunhas "hostis", como Dmytryk ou Ring Lardner Jr., foram ouvidas pela Comissão. Não colaboraram, ou seja, não responderam a uma pergunta eminentemente inconstitucional. Mas o desastre chegaria com Brecht, a décima primeira a ser ouvida. Ao contrário das dez testemunhas anteriores, Brecht colaborava e respondia, ou seja, destroçava a estratégia central da defesa. Mais: não apenas respondia como tratava de sublinhar, em plena audiência, a grande diferença que o separava dos 10 que o precederam.

Brecht saiu em aplausos (de Parnell Thomas) e, no dia seguinte, regressava à Europa. Conta o historiador Paul Johnson, num trabalho notável sobre a ética dos "intelectuais", que ao desembarcar em Paris o espirituoso Brecht ainda fez uma piada sobre o assunto. "Quando me acusaram de tentar roubar o Empire State Building", afirmou Bertold, "achei que era altura de partir". Todos riram.

Todos, com a excepção dos que ficaram em Washington. Na verdade, depois de Brecht, a Comissão resolveu terminar abruptamente os seus trabalhos. Os primeiros dez a ser ouvidos — como Ring Lardner Jr. ou o realizador Lester Cole — acabariam condenados e presos. Mas esta é a parte "menor" da história. A parte maior é que as "listas negras" começavam em força. Precisamente com os primeiros dez, que a indústria resolveu sacrificar como exemplo. O caminho estava definitivamente aberto para que Joseph McCarthy inaugurasse um dos episódios mais grotescos da história moderna americana.

Como escreve Patricia Bosworth, a história da "caça às bruxas" é uma história com poucos heróis. Dmytryk ou Rossen, depois da experiência "hostil", acabariam por regressar como "testemunhas amigáveis"; Bartley Crum, advogado dos 19 e pai da autora, fez o mesmo ao denunciar colegas de ofício (Crum acabaria por suicidar-se em 1959; as páginas de Bosworth sobre a delação do pai valem o livro); e aqueles que não acabaram na miséria, esconderam-se no anonimato. É o caso de Dalton Trumbo, que ganharia um Óscar como "Robert Rich" (por *The Brave One*, 1957) e só em 1960, por pressão de Otto Preminger e Stanley Kubrick, teria o seu nome real nos créditos de *Exodus* e *Spartacus*.

E Bertold Brecht? Regressado à Europa, Brecht continuaria uma notável carreira em nome das classes exploradas, denunciando o "capitalismo" americano e a hipocrisia da sua sociedade "materialista". Na triste história da "caça às bruxas", as boas noites de Brecht simplesmente nunca existiram. Ou, se existiram, desconfio que dificilmente veremos um filme de Clooney sobre o assunto.

O ódio de Canetti
FSP, 17/9/2005

Ninguém escreve memórias ou diários por prazer intelectual. Falo de escritores, artistas e outros profissionais, não da menina anónima que todas as noites resolve contar os seus amores e angústias nas páginas do "querido diário". E ninguém escreve inocentemente porque, como lembrou o historiador Paul Johnson no clássico *Intellectuals*, a escrita memorialista é uma forma indirecta de responder a críticos, amigos ou inimigos. *Pièces justificatives*, escreve Johnson, reconhecendo no defunto o privilégio da palavra final. Eis o supremo egoísmo do criador ausente: responder aos vivos directamente da terra dos mortos.

Aconteceu com o centenário Elias Canetti (1905-1994), Prémio Nobel de Literatura em 1981 (inexplicável), autor de *Auto-de-Fé* (escrito aos 25 anos e a sua melhor obra) e de um tratado imensamente débil (e imensamente lido) intitulado *Massa e Poder* (1960). Canetti, como qualquer profissional do ramo, armadilhou bem a sua posteridade ao marcar encontros futuros com os leitores. Para começar, novas obras só seriam editadas oito anos depois da morte, estabeleceu Canetti. Ou seja, depois de 2002. E, para terminar, os documentos mais pessoais do escritor só estarão disponíveis em 2024. Tremo só de pensar no que Canetti escreveu nos textos mais íntimos. Este *Party in the Blitz*, quarto volume das suas memórias, agora editado postumamente no Reino Unido, permite adivinhar o pior.

Party in the Blitz revisita os 40 anos de exílio inglês. Canetti, pobre e intelectualmente imaturo, desembarca em Londres vindo da Áustria, corria 1939. Com a mulher, Veza, um hino à santidade e uma escritora de talento, que sacrificou a vida (e a obra) para servir o Mestre. O livro, um conjunto de "retratos", quase crónicas, sem grande valor literário pela sua aridez preguiçosa, serve apenas para comprovar o profundo ódio de Canetti pelo país de acolhimento. O ódio, em Canetti, não é apenas um traço de carácter. É uma forma de afirmação pessoal, marca evidente de um intelecto pouco civilizado. Que estas memórias tenham sido escritas aos 85 anos, quando a velhice alegadamente costuma distribuir uns pós de sabedoria pelos seres humanos, eis um pormenor que torna esta obra duplamente triste e fracassada.

As palavras mais simpáticas do autor são dirigidas aos seus companheiros de exílio, como Franz Steiner, o antropólogo de Oxford que sai de *Party in the Blitz* com a reputação intacta. Inevitável: Steiner morreu jovem e, além disso, não representa nenhuma sombra para a figura monumental de Canetti. O resto é dispensável e não merece do gigante uma palavra de admiração. Nos séculos XVII, XVIII ou XIX, a Inglaterra tinha Shakespeare, Swift, Keats ou Blake. Sobretudo Blake. No século XX, não tem ninguém, com a evidente excepção de Canetti. T.S. Eliot não existe. Ou, quando existe, é para comprovar a irredutível mediocridade da literatura inglesa contemporânea. Evelyn Waugh, Graham Greene ou Anthony Powell nem aparecem no retrato. E Iris Murdoch, amante de Canetti (a mulher, Veza, sabia de tudo e preparava chá e bolinhos para os três), é figura intelectualmente débil (facto), com corpo repulsivo (desconheço). Claro que nada disto impedia Canetti de cumprir o seu calvário com Murdoch (uma tumba incapaz de soltar um único gemido durante o acto). O leitor já sabia que Canetti era um génio. Não sabia ainda que era um génio, um masoquista e um benemérito.

E ao fim de 40 anos, o que tem Canetti a dizer sobre o seu país de acolhimento? O óbvio: os ingleses são frios/arrogantes/distantes [riscar o que não interessa]. Bombardeados pelos nazis, continuavam tranquilamente nas suas festas, como se o mundo exterior não existisse (daí o título do presente livro). Curiosamente, Canetti não entende que foi precisamente essa frieza, essa arrogância e essa distância que permitiram a um povo sobreviver durante o *blitz*. Como também não entende, na sua seriedade provinciana de intelectual tipicamente *Mittleeuropean*, que a frieza, a arrogância e a distância dos ingleses são a fonte da sua excentricidade — a mais importante contribuição cultural da Inglaterra ao mundo.

O exílio termina com a chegada de Margaret Thatcher ao poder. A Suíça seria para Canetti a sua última paragem. Para o escritor, Thatcher representa o filistinismo insuportável e o crepúsculo de uma cultura superior, que ele experimentara durante quatro décadas. Uma contradição, claro: se a Inglaterra já estava moribunda em 1939 (na chegada), não se entende como ficou moribunda em 1980 (na partida). A menos que a milagrosa presença de Canetti tenha ressuscitado o cadáver por uns tempos. Possível. Provável. Quem disse, afinal, que o Messias só visitara Lázaro uma vez?

O dia em que tudo vai acabar
FSP, 2/8/2006

Agosto começa e eu aposto que a história do último mês não está onde vocês imaginam. Mortandades no Médio Oriente? Trágicas, sim. Recorrentes, sem dúvida. Mas um facto aparentemente menor coloca as coisas, todas as coisas, na sua devida proporção. Literalmente.

Falo de um asteróide que, no início de Julho, passou perto daqui. Daqui, ou seja, da Terra. Alguém notou? Eu notei. Minto. Eu li sobre. Seja como for. Eu notei. Em termos astronómicos, 432 mil quilómetros são pouco, ou nada: a distância que nos separa da Lua, mais uns trocos. E o 2004 XP14, nome do bicho, com os seus 800 metros de diâmetro, chegava e sobrava para apagar um pequeno país. Como a Holanda. A Bélgica. Portugal.

Os cientistas pedem serenidade. O asteróide irá passar repetidas vezes pela vizinhança. Sem estragos. Em

2029 será até possível observar mais de perto um outro rochedo, o 99942 Apofis, que irá passar mais perto. Mas todos sabemos como a história termina: chegará um dia em que a Terra estará no lugar errado, na hora errada. E um rochedo mais apressado não vai pedir licença para passar. Aconteceu há 65 milhões de anos, quando os dinossauros disseram adeus. Aconteceu repetidas vezes, com intensidades variadas.

Não sou geólogo, físico ou astrónomo. A minha ignorância nestas matérias tem o tamanho de um rochedo fatal. Mas, com a devida vénia aos sábios, nada disso invalida o meu fascínio aterrador: o dia em que séculos e séculos de vida ou civilização serão apenas um segundo, ou um suspiro, no eterno silêncio do universo. Ter estado, não ter estado: apenas uma diferença gramatical. E as obras que fomos acumulando, lendo, vendo, vivendo, para nossa beleza e consolação, serão apenas fantasmas sem memória, ou sem gente para os recordar. As palavras todas, as imagens todas. Serão como o pó mais negro que se espraia pelo vazio como uma onda de esquecimento.

Eu sei que tudo é assim. Não falo do mundo, falo de mim. O poeta inglês Philip Larkin, que a crítica culta persiste em desprezar, escreveu há muito o poema definitivo sobre esse confronto pessoal com o nada. Chama-se "Aubade" (1977) e retorno a ele sempre e sempre e sempre. Porque existe nas linhas de Larkin a nitidez absoluta dessa promessa absoluta: o momento em que não iremos ver nada, ouvir nada, sentir nada. A ausência de pensamento, a ausência de qualquer ausência. Não estaremos cá, não estaremos lá, não estaremos em lugar algum. No poema de Larkin, é a manhã, a certeza da manhã que regressa com a sua luz tímida, que resgata a angústia pessoal da meditação insone. Temos coisas para fazer. Pessoas com quem estar. Rotinas a cumprir. Barreiras invisíveis com que adiamos a certeza luminosa do fim. Continuamos?

Sim, continuamos. Não tenho respostas, não tenho perguntas. Não tenho conselhos para dar ou vender. E expulso os desesperados como se fossem os vendilhões do meu templo. Sei apenas que o presente é este e que nele habito eu. É pouco? Não. É tudo. Porque o tempo que me resta dispensa todo o resto. E porque a noite que me espera será sempre parte dos dias que eu vivi.

A conquista da noite
FOL, 28/5/2007

Defendo o sono sempre que posso. Não brinco. Não posso brincar. Sou um ex-insone e sei bem o que custa. Só insones verdadeiros valorizam o sono com o respeito que o sono merece.
Tudo começou sem explicação racional. Certo dia, o sono foi embora. Contemplei o tecto do quarto durante uma noite inteira. Vieram mais duas. À terceira, a minha vontade era morrer. O problema da insónia não está propriamente na noite. A noite é simples: a escuridão é amiga dos olhos, o silêncio é uma canção de embalar para uma cabeça cansada. O problema do insone são os dias: o terror do dia que chega, a luz que vai furando as persianas do quarto como balas de ouro que trazem consigo o ruído do mundo. Carros. Sirenes de polícia. Vozes. Conversas. Telefones que tocam. Telefones que imaginamos

tocar. E a certeza — a longa certeza — de que a noite chegará. E, com a noite, a evidência de uma nova cruzada. Uma solitária cruzada. Não existe solidão comparável à do insone. Na vida normal, conhecemos pessoas, perdemos pessoas. Ficamos sós. Tudo bem. Ou tudo mal. Mas a solidão do insone é uma solidão desabitada de pessoas. Somos nós e nós e nós. O mundo dorme e nós somos sós.

Disse que tudo começou sem explicação racional. Minto. Lembro agora que a insónia veio com o medo. Da morte, claro. Não sei se li demasiado Shakespeare para saber que os crimes se cometem à noite. Adormecer para que se o sono só traz esquecimento? Se o sono é um simulacro da morte? Melhor não dormir. Melhor não morrer. O caso é cientificamente interessante — disse o psicanalista. O caso é mitologicamente relevante — diz Peter Barber, em artigo recente para o *Financial Times*. Como relembra o autor, os filhos de Nyx, a deusa grega da noite, eram Hypnos e Thanatos. O Sono e a Morte. Só depois chegou Morfeu, o deus dos sonhos, o filho do Sono.

Não mais. Conta Peter Barber, em tom céptico mas ligeiramente festivo, que o sono e os sonhos podem ser relíquias no espaço de dez anos. A ciência não pára. O mundo também não. E uma pílula pode resolver o problema dos homens. Dos homens que dormem. E dos homens que não dormem. A ideia é mimetizar quimicamente o sono, proporcionando o que apenas obtemos com oito ou dez horas de travesseiro: descanso.

Esqueçam o travesseiro. Para que gastar um terço da vida a dormir quando é possível furar os dias, e as noites, perfeitamente acordados? Será, como dizem os cientistas, a "conquista da noite", a barreira última do desenvolvimento pós-industrial. Os nossos antepassados regulavam a vida, e o sono, pelo ritmo natural da luz natural. Deitavam-se com a noite, acordavam com a madrugada. Esse mundo passou quando a lâmpada de Edison lançou uma maldição sobre os homens, criando um sol privado em cada habitação. O desafio, agora, é criar um sol privado no interior de cada um. Dormir para que se é sempre dia dentro de nós?

Dias para trabalhar, explica Barber, porque as novas vigílias não se farão sem trabalho. A lógica é impoluta: viver mais é consumir mais; consumir mais é trabalhar mais. Nenhuma pausa, nenhum silêncio. Como formigas sem inverno. Como formigas de um verão permanente.

Mas não só. O fim do sono não será apenas um convite para uma vida de servidão. Será também o enterro da nossa humanidade mais literal. Disse no início que a minha insónia começou sem explicação racional. Mas eu sei como terminou. A indústria farmacêutica teve uma palavra no processo. O divã também. Mas a palavra decisiva foi a minha. A palavra decisiva é sempre a nossa. Chegou um momento — consciente, inconsciente — em que a insónia foi enxotada do quarto como se o medo fosse um animal feroz e sem rosto. O animal afastou-se. Só então o sono regressou. Verdade que não regressou sozinho. Com ele, regressou a morte. Uma vez mais.

Recebi-a como se recebem os velhos amigos: com confiança e sem temor. E ao cerrar os olhos como se fosse a primeira vez, entendi finalmente que o sono da nossa vida é, como na morte, uma suspensão da própria vida. Mas uma suspensão benigna, temporária e necessária, capaz de nos relembrar, como no amor, que a força da nossa humanidade também repousa nos momentos em que somos inocentes e vulneráveis.

Milagres
FOL, 10/7/2006

É o Everest da minha carreira. Nobel? Pulitzer? Academia Brasileira de Letras? Nada disso. Eu, João Pereira Coutinho, 30 anos, colunista há praticamente dez, recebi pela primeira vez o e-mail de um sacerdote brasileiro, católico, que me envia a sua benção. Li a mensagem e senti uma coluna de luz a descer sobre a minha cabeça humilde — e os anjos a cantar, a cantar. Deus existe. Já recebi de tudo. Declarações de amor. Pedidos de casamento. Ameaças de morte. Tudo da mesma pessoa. Fisicamente falando, recebo petiscos tradicionais, comida caseira, veneno, normalmente confeccionados juntos. Também recebi *lingerie*, que experimentei, sem sucesso: o gosto pelo fio dental é, provavelmente, o maior mistério da criação humana. Mas uma benção cibernauta, e um elogio do Altíssimo, é coisa que pode transformar qualquer um.

Lembro Samuel L. Jackson, em *Pulp Fiction*, depois de sobreviver à morte certa: decidido a mudar de vida, trocando o crime pela errância, ou pela pregação. Não vou tão longe. Mas prometo que, daqui em diante, tenciono elogiar (por ordem alfabética):

Adolescentes
Bertold Brecht
Bono (e os U2)
Cidade de Deus (o filme)
Quotas raciais
David Beckham (e a mulher)
Fidel Castro
Guitarras eléctricas (e músicos respectivos, sobretudo Santana)
Hambúrgueres
Hugo Chávez (e a "revolução bolivariana")
José Saramago
Livros de Marketing e Publicidade
Madonna
Marlon Brando (como "o maior actor da história")
Marrocos
Oliver Stone (os filmes)
Noam Chomsky (a lucidez)
Salvador Dalí (a incomparável pintura)
Subdesenvolvimento

Eu, a cadela e a criada
FSP, 26/4/2006

Desilusões, todos temos. Ainda lembro o triste dia em que descobri que Raymond Carver não era Raymond Carver. Oh, Deus, eu passara uma adolescência inteira na América de Carver: subúrbios desolados, relações amorosas feridas por estranheza e silêncio. Cafés de estrada. Quartos de motel abandonados. Sim, como nos quadros de Hopper. E depois li, por acaso, um assassino acaso, que fora o editor de Carver a escrever ou a compor as histórias do próprio Carver. Caí do céu. Deprimi. Abandonei a prosa e mergulhei na poesia. Homero que me salvasse.

Homero não me salvou. Aliás, quem foi Homero? Dizem que nunca existiu. Dizem que existiu, desdobrado em vários. Dizem que Homero era simples figura mítica e retórica para uma tradição oral que, nas civilizações préclássicas, era partilhada de geração em geração. A fúria de Aquiles, as viagens de Ulisses — não seria melhor esquecer a poesia e partir directamente para o teatro?

Problema óbvio: quem foi Shakespeare? Eu li os dramas de Hamlet, a loucura de Lear, a maldade de Iago. Mas havia sempre a ideia, a desconfortável ideia, de não conhecer o autor verdadeiro daquelas linhas verdadeiras. E se Shakespeare fosse apenas Marlowe, ou Jonson? E se a estrutura das peças fosse mais apropriada para Bacon, ou para Raleigh? E se Shakespeare não fosse Shakespeare, mas a sua irmã? Ou, pior ainda, a própria rainha Elizabeth, fechada na corte e, nas horas vagas, deambulando por tragédias aristocráticas? Foi William Henry Smith quem, em 1856, lançou as primeiras dúvidas sobre a identidade do bardo. Bastardo. Por causa dele nunca mais o teatro teve sossego. Nem eu.

Foi assim que optei pela música. Aprendi piano durante anos e anos de solitário solfejo. Nos meus tempos de faculdade, fui pianista de bar, de hotel, de bordel. Esqueci Carver, esqueci Homero. Shakespeare que fosse para o Inferno. Abracei os clássicos e namorei Bach. Na semana passada, um investigador do País de Gales declarou ao mundo que Bach não era Bach. Era a segunda mulher de Bach, Anna Magdalena, a verdadeira autora das melhores peças, a começar pelas *Suítes para Violoncelo*, que sei de cor e salteado. A notícia circula ainda nos jornais da Europa, e os principais especialistas do assunto dão algum crédito ao descrédito do professor Martin Jarvis. Eu gostaria de matar o professor Jarvis.

Ou talvez não. Nos princípios do século XX, Proust resolveu responder ao crítico Sainte-Beuve em ensaio célebre. *Contre Sainte-Beuve,* eis o título, e nele pretendia Proust enfrentar a questão clássica: qual a relação entre a vida do autor e a obra que ele assina? Melhor: será necessário conhecer a vida para apreciar a obra? Sainte-Beuve era radical: conhecer a vida e os mais ínfimos pormenores dela é fundamental. Porque a obra é sempre parte da biografia e, no limite, prisioneira dela. Proust discordou: a alma que escreve não é necessariamente a mesma que vive. No caso de Proust, fechado em casa e dominado por maleita sazonal, a tese aplica-se na perfeição.

Respeito Sainte-Beuve. Concordo com Proust. Mas vou ainda mais longe do que Proust: anos e anos de infinitas desilusões ensinaram-me simplesmente que não vale a pena. O editor de Carver pode ter escrito os contos de Carver. Mas os contos existem e persistem para assombrar a minha memória nostálgica. Homero pode ter sido nome colectivo para prática colectiva nos "anos obscuros" da civilização helénica. Mas a única certeza que resta é que teremos sempre Ulisses a regressar a casa, e nesse regresso está o início de todas as partidas literárias. Como teremos sempre o discurso de Henrique V às tropas em Agincourt. De preferência, ao som de Johann Sebastian Bach.

E se vocês, caros leitores, alimentam alguma dúvida sobre este "João Pereira Coutinho" que vos fala, por favor, não tenham dúvidas. A questão derradeira é saber se chegaram até aqui. Se chegaram e até gostaram, façam o favor de agradecer à minha cadela, ou à minha empregada.

ENCORE

Teremos sempre S. Paulo
FOL, 22/8/2005

Viagem para São Paulo. Aeroporto cheio, é verão por aqui. Vou passando malas, vazias, que voltarão cheias (espero; obrigado, Antonio Carlos Secchin, *Guia dos Sebos*, Editora Nova Fronteira, 126 págs.). No detector de metais, algo apita. Talvez seja a minha chapa, uma chapa de metal de dez centímetros que tenho na cabeça, ferimento de guerra, história longa e, claro, inventada. Não é. A minha *gilete* de barba não pode embarcar. Entendo. Posso sacar da *gilete* a meio da viagem e ameaçar os passageiros com um ataque capilar.

— Ou desviam o avião para Cuba, ou eu barbeio toda a gente!

Deixo ficar a *gilete*. Já dentro do avião, com uma comidinha vagabunda à minha frente, verifico que a TAP continua a servir os seus repastos com facas de metal.

A loucura é uma questão de perspectiva.

*

Como evitar conversas com desconhecidos? Existem técnicas várias. Dormir. Ler. Ouvir música. Simular demência. Simular surdez. Simular demência *e* surdez. Ou, em actualização moderna, dizer simplesmente que sou político (do PT). Não, não resulta: o meu sotaque é a minha traição. Então o companheiro de viagem aproxima-se. Temor e tremor. Ele diz "bom dia", eu faço um gesto com as mãos (sou surdo e mudo, lembram-se?). Ele sorri. Respeitosamente. Senta-se, coloca os auscultadores. Durante nove horas, tenho um imitador de Marisa Monte ao meu lado, que passa todos as músicas da diva no iPod e canta alto sem sentimento de culpa. "Beija eu, beija eu…"

*

Dizem que São Paulo é a mais feia cidade do mundo. Será? Não creio. Uma mistura de Tóquio e Istambul, mas com tesão para dar e vender. Fico junto à Avenida Paulista. Fim de tarde. Primeiro pensamento: ainda não fui assaltado. Segundo pensamento: ainda não fui atropelado. Com a passagem das horas, o segundo pensamento torna-se mais relevante do que o primeiro. Já tinha visto de tudo (incluindo Nápoles, onde os passeios não são propriamente lugares seguros para os pedestres). São Paulo é outra história. Os semáforos são um pormenor. As passadeiras são *graffiti* no asfalto, não mais. Antes de cruzar as ruas, relembro as imortais palavras de Clint Eastwood ("Do you feel lucky, punk?") e depois arrisco. Há uns anos, um taxista londrino dizia, com jocosa irritação: "In Paris, when you cross a street, you're a living target."

Ah, vem para Sampa, rapaz.

*

São Paulo não é propriamente Paris. Mas, ao contrário da cidade dos iluministas, é a coisa mais filosófica do mundo. Aterrei há cinco horas e já vi um Parménides (num café), já conheci um Platão (no hotel). Se a coisa continua, desconfio que amanhã me cruzo com Descartes e Pascal (e ainda só vamos nos pré-modernos).

*

No quarto, alguém deixou fruta (dispenso; não sou macaco) e, na televisão, debate com Plínio de Arruda Sampaio que, segundo consta, é candidato à liderança do PT. Fiz uma promessa a mim mesmo (e "mim mesmo" fez uma promessa ao analista) que não perderia dois minutos com política nesta semana paulista. Mas Plínio arruina a minha semana (e a minha promessa) com afirmação bombástica: a história do PT é uma história de luta com quinhentos anos.

Pausa. O hino nacional português desce sobre o quarto. A bandeira patrícia ondula ao vento. E até Pedro Álvares Cabral visita-me numa nuvem imaginária. "Defende o teu povo, verme!" Certo, Pedro, fica tranquilo. Não respondo a provocações. A ideia de Plínio é simplória: o PT luta contra a opressão e o Brasil tem quinhentos anos de história opressiva. Conheço o argumento. E daí? Os portugueses saíram do Brasil em 1822 mas, por Deus, ainda hoje continuam em Portugal.

Além disso, a retórica de Plínio é pura fantasia. Lula enfrenta grave crise política e o PT foi tomado de assalto por uma quadrilha sem vergonha? Plínio atribui as culpas não aos corruptos e aos criminosos mas ao grande capital, que arruinou a missão casta de um partido casto. A ideia de Plínio, creio, é transformar o Brasil numa Venezuela, regressando a um "socialismo primitivo" onde todos vivem na selva e se amam mutuamente, como na utopia de Rousseau. Não sei se o Brasil embarca nestas loucuras. Pessoalmente, Plínio fez-me embarcar no catolicismo perdido da minha infância. Eu, confesso, já comecei a rezar.

*

Iniciei a maratona gastronómica. Almoço no Rubayiat. Provo pedaço de carne que Deus cozinhou no Paraíso. Conspirações brandas sobre Lula, o PT, o estado da literatura brasileira actual (aviso: ler Bernardo Carvalho). Falamos sobre a polémica clássica entre os Andrades (Mário e Oswald). Alinho por Oswald, claro, apesar de excessos líricos (e ideológicos) que não mordo. Gosto do burguês. Gosto dos burgueses. Gosto desse "purée de batatas morais" que não espera nada, não deseja nada. *Flat*, como onda de mar morto. Pior: acredito que os males do mundo nascem no dia em que o burguês deseja transformar o puré em fritada. E a história dos ovos e da omelete, que Lenine, acho, gostava de citar, na construção do seu prato ideal. Por que não partir uma dúzia de ovos? E, se a coisa não resulta, por que não partir mais uma?

*

Jantar íntimo junto ao Jardim Ibirapuera, parte civilizadíssima da cidade. Existe uma Praça Pereira Coutinho por perto. Agradeço à comissão de festas, mas não era necessário. Come-se bem no Brasil. Em São Paulo, come-se barbaramente bem. As conversas oscilam entre a herança de Freud e a herança de Lula. Faz sentido. Lula é, em vários sentidos, o maior acto falhado da consciência brasileira. Duvidoso é saber se os brasileiros estão dispostos a matar o pai, salvando a figura materna da República. Não creio. A quem interessa a impugnação de Lula? Não interessa à oposição, que espera devorar o homem em 2006, sem qualquer remorso golpista. Não interessa às elites, que prosperam com Lula e, ao contrário do que ele diz, jamais estariam interessadas em montar conspiração cinéfila para acabar com o governo. Momento cínico: o afastamento do Presidente só interessaria mesmo ao PT, que teria bom pretexto para regressar ao "socialismo primitivo" de Plínio e Companhia. É um mau pretexto. É um desastroso caminho.

P.S. — Confissão pessoal: a primeira vez que ouvi falar de Lula, sorri com o nome. É que "Lula" era o apelido de Mário Filho, irmão de Nelson Rodrigues, que revolucionou o jornalismo desportivo brasileiro nas décadas de 1940 e 1950. Durante o serão, alguém pergunta como se diz "apelido" em Portugal, no sentido brasileiro da coisa. Com visível orgulho lusitano, puxo pela língua materna e respondo: "Apelido significa nome de família em Portugal. No sentido brasileiro do termo, nós dizemos nick name." Aplausos para o génio. De volta ao quarto, lembro agora: é alcunha, camaradas!

*

Revejo amigo português que se mudou para São Paulo. Caminhamos pela rua e, entre nostalgias patrióticas, reparamos em espectáculo insólito: estão 17 graus (uma primavera digna de Tchékhov) e somos os únicos a descer a alameda em mangas de camisa. Para nós é Tchékhov, sim; para os habitantes da cidade, é a Sibéria de Soljenitsyn. Rostos gelados e enregelados. Lenços. Luvas. Uma mãe embrulha o filho numa manta de lã, para que a pobre criança suporte o inverno que se abateu sobre a cidade. Pungente. Só falta mesmo a menina dos fósforos e Mr. Scrooge, a correr pela rua, contente por estar vivo.

Não corre Scrooge, corremos nós. Chove, agora. Entramos em restaurante próximo, cujo nome me encanta.

Pausa. Explicação prévia: toda a gente gosta de dizer que o mal da política moderna está na excessiva influência da publicidade e do *marketing* sobre os actores políticos do momento. Não vale a pena regressar ao caso brasileiro, a Marcos Valério ou Duda Mendonça. As campanhas partidárias, no Brasil ou na Europa, são obscenas. E a imagem dominou a substância para lá de qualquer salvação. Tony Blair gastou 3.000 dólares em maquilhagem nos últimos seis anos. Schroeder, o chanceler alemão, pinta o cabelo todos os meses. Berlusconi já tirou tanta ruga que, muito provavelmente, vai abrir novo negócio de carteiras em pele natural. Mas comer num restaurante chamado Sujinho é, no mínimo, um acto de protesto e coragem contra a influência do marketing nas nossas vidas escravizadas. Melhor mesmo só se fosse "Lixeira", ou "Esgoto". Mas talvez isso fosse ir longe demais.

E injusto demais. O último T-Bone que comi com aprovação foi em Chicago, há uns meses: um pedaço de carne que devia estar no Smithsonian para estudo alargado das gerações vindouras. Legenda: "Assim se comia no século XX." Pois bem: o Sujinho acaba de destronar o Morton's por larga vantagem. No rádio, um tema antigo de Adoniran Barbosa acompanha o repasto. Perfeito tiro ao álvaro: sempre disse que Adoniran também batia os *blues* por vantagem igual.

*

Em 1939, a Europa marchava para a guerra. Uma vez mais. A posição de Salazar era dúbia. A neutralidade portuguesa não era certa. Então um pai do interior do país chamou o seu filho e resolveu não arriscar. Entregou-lhe uma passagem de barco e disse:

— Vais para o Brasil porque não te quero na guerra. Quando chegares a São Paulo, procura um tal de Vieira. Conheci-o há uns anos numa das feiras daqui. Não sei onde mora, não sei o que faz. Mas ele ajudar-te-á.

O rapaz foi. Viajou dezoito dias e dezoito noites. Desembarcou em Santos com uma mala, pouco dinheiro, nenhum futuro. Tomou um carro para São Paulo. Chegou a São Paulo e confrontou-se com a multidão. Resolveu seguir a multidão, sem destino ou propósito. Ao entrar numa das ruas do centro, avistou, ao longe, em letras pintadas: Livraria Lusitana. O nome. A memória de casa. Resolveu tentar, deprimido e exausto.

— Boas tardes. Vossa Senhoria não precisa de um caixa?

O outro respondeu:

— Tu és patrício. De onde vens, rapaz?

O rapaz explicou tudo. Vinha de longe porque o pai o fizera embarcar, com medo da guerra na Europa. O outro replicou:

— Eu só conheço um pai que talvez fizesse isso pelo filho: um tal de José Dias, que conheci em tempos, numa feira, em Portugal.

O rapaz chorava agora. De alegria, mas chorava. Então o livreiro, Vieira de nome e português de origem, tomou o rapaz nos braços. Providenciou um banho quente, uma sopa. Roupa lavada. Ofereceu-lhe emprego na mesma hora. E, no mesmo dia da chegada, Luis Oliveira Dias, o novo caixa da Livraria Lusitana, conheceria a mulher que foi sua. Chamava-se Celeste.

E o caixa? O caixa continua a negociar com livros. Tem oitenta e muitos anos. Sessenta de Brasil. E o sebo Ornabi, na Benjamin Constant, a poucos metros da antiga Lusitana, vale pelos livros e vale pelo homem atrás dos livros.

A minha intenção era comprar umas dezenas de volumes: Roberto Campos; Vicente Ferreira da Silva; Amoroso Lima; esse milagre que aconteceu ao Brasil chamado

Otto Maria Carpeaux, o homem que conheceu Kafka ("Meu nome é Kauka", disse-lhe o enfermo Franz, já destruído pela tuberculose). Comprei pouco, ou nada, porque a manhã foi passada em conversas brandas. Com Luis Oliveira Dias e com os fantasmas de toda essa gente, que o livreiro conheceu ao longo da vida. Impecavelmente vestido. Impecavelmente lembrado. Bigode impecavelmente aparado. A ironia dos velhos cavalheiros. E o desconto final: se o livro valia trinta, passa a valer vinte. O preço é inversamente proporcional ao interesse do leitor. Porque os livros são coisa séria. Em 1939, salvaram-lhe a vida. Até hoje.

*

Tarde. Tardinha. Entro num táxi e indico novo endereço. Normalmente, os taxistas paulistanos são como os próprios paulistanos: silenciosos e solitários. Este, não. O meu sotaque portuga denuncia-me inapelavelmente. "Português?", pergunta ele. "Português", respondo eu. É o início da festa. O táxi vai avançando e o condutor, com uma alegria efusiva, comunica: "Vivi em Portugal vários anos, joguei no Belenenses, depois de temporadas no Santos e no Botafogo. Talvez o senhor se lembre de mim. Sou o Mazinho." Bom, confesso que não. Mas a questão é outra: Mazinho conduz um táxi porque está indeciso em aceitar convite para treinar na Bolívia. "Bolívia? Prefiro Portugal, companheiro", diz ele.

Tudo bem, Mazinho. Está dado o recado.

*

Mazinho gostava de Portugal, eu gostava da Argentina. Janto tarde com colega de ofício que ama Buenos Aires e me convence a viajar para a pátria de Borges, Cortázar, Bioy Casares. E de Juan José Saer, acrescenta, o autor de *A Ocasião*, uma pequena obra-prima que a Companhia das Letras editou em 2005 e que foi uma das surpresas destes dias paulistanos. É a história de Bianco, o ocultista maltês que, acossado pelos positivistas de Paris, escolhe o exílio argentino (como Saer, aliás, escolheu o exílio francês) para preparar a sua vingança. O problema são as tentações da carne, claro, e os demónios evidentes do desejo, do ciúme e da traição, que arruinam a natureza impoluta do espírito.

*

E por falar em demónios do desejo: é dia de feijoada. No Massimo, casa de Massimo Ferrari, que nos recebe à chegada. Desconhecia o sítio, mas Massimo é figura central da cidade (ver documentário que Daniel Piza escreveu, *São Paulo — Retratos do Mundo*, onde Massimo tem participação inspirada, no mercado do centro).

De onde veio a feijoada brasileira com o seu cortejo de carnes e acompanhamentos? Da Senzala, provavelmente: a feijoada era feita com as sobras da Casa-Grande pelos escravos que trabalhavam na roça. Isto dá um novo sentido ao pecado da gula: comer com sentimento de culpa passou a ser uma realidade literal. Ou quase.

*

Tarde nas livrarias. Oferta fraca. Paul Auster continua em alta, sintoma evidente de um certo abaixamento do gosto. Mas alguns livros recentes merecem leitura atenta. Para além da obra de Saer, a Companhia das Letras resolveu editar ensaios de Isaiah Berlin, *A Força das Ideias*. Não é a melhor obra de Berlin e alguns dos ensaios — "Liberdade", "A filosofia de Karl Marx" — não excedem a curiosidade jornalística. Para os interessados nestes temas, melhor ler o clássico *Four Essays on Liberty* (1969) ou a biografia de Marx que Berlin publicou, ainda imberbe, em 1939.

Mas o livro é importante por dois textos essenciais para a compreensão do autor. O primeiro, que abre o livro, intitula-se "Meu caminho intelectual". Como o título indica, é o resumo do *opus berlinianus*: o namoro com os positivistas lógicos em Oxford; a opção pela história das ideias (sobretudo depois da Segunda Guerra); e a construção do pensamento pluralista que, até hoje, continua a alimentar debates e polémicas fartas.

O segundo ensaio do livro é "Escravidão e emancipação judaicas", um documento histórico para entender o sionismo do autor. Que lugar para os judeus depois do Holocausto? Koestler (e, de certa forma, Eliot) acreditava que os judeus do pós-guerra deviam escolher: ficar em Inglaterra, abandonando a identidade judaica; ou, então, partir para Israel. O texto de Berlin é uma defesa do Estado de Israel, não como construção puramente ideal mas em resposta à radicalidade de Koestler: partir ou ficar é uma opção, sim. Mas a opção não implica o abandono de uma identidade inapagável.

Ainda sobre Israel, aplaudo a coragem da Nobel em publicar *Em Defesa de Israel*, de Alan Dershowitz, o afamado professor de Harvard que vai desmontando, com qualidades pedagógicas, os mitos da discussão sobre o Médio Oriente. Leitura recomendável, sobretudo numa altura em que Sharon se retira de Gaza e poucos são aqueles que entendem por que motivo Israel ocupou Gaza (e a Margem Ocidental) em 1967. Terá sido por capricho imperialista?

Leiam também Anne Applebaum, *Gulag*, retrato do sistema prisional soviético e dos seus campos de trabalho. Curiosidade: o termo "campo de concentração" não começou com Hitler e não começou com Lenine. Começou em 1895, na Cuba Imperial, quando Madrid resolveu "reconcentrar" camponeses cubanos em terras distantes, privando os rebeldes de comida. O conceito acabaria por "evoluir" (digamos assim) até chegar à Rússia de 1917 (e à Alemanha nazi) com brutal ferocidade. O livro venceu o Pulitzer em 2004 e Applebaum, que esteve em Lisboa há uns meses, explicou que uma das razões que a levaram a escrever a obra surgiu em Praga, actual República Checa, ao verificar a nostalgia *pop* com que turistas ocidentais compravam *memorabilia* soviética de cabeça limpa (*t-shirts* de Lenine, *pin-ups* com Estaline, etc.). Pergunta de Applebaum: por que motivo esta gente era capaz de ostentar ao peito a figura de um criminoso (como Lenine, como Estaline) mas nunca de usar a suástica ou um retrato de Hitler? Resposta evidente: porque a *intelligentsia* ocidental continua a olhar para Lenine e Hitler com duas batutas diferentes.

Ah, já me esquecia: Adriana Armony publicou *A fome de Nelson*. Em conversas com amigo paulistano, ele dizia-me que o teatro de Nelson reflectia os dramas típicos de Dostoiévski: a ausência de valores morais num mundo sem Deus e dominado pela bestialidade dos homens. Nem de propósito: Armony fez tese de doutoramento sobre a relação Nelson/Dostoiévski e este *A fome de Nelson*, primeiro texto de ficção da autora, pretende relatar, pela voz fantasmagórica de narrador impessoal, o internamento de Nelson Rodrigues no sanatório para tuberculosos de Campos de Jordão. É difícil escrever sobre Nelson sem imitar Nelson e Armony nem sempre escapa à tentação ("fé ululante", etc.). Mas o texto serve como experiência narrativa sobre período decisivo na obra de Nelson Rodrigues: momento em que, confrontado com a morte e a solidão venenosa dos seus companheiros de infortúnio, o dramaturgo forma os temas que acabariam por surgir e ressurgir em 50 anos de produção teatral sem par.

*

O último Woody Allen digno de nota data de 1997: *Deconstructing Harry*, a odisseia de um escritor que, depois de longo bloqueio criativo, é revisitado pelas suas personagens no final.

Não sou Woody, não tenho bloqueios criativos, mas posso jurar que, na pista do aeroporto, as personagens da minha semana paulistana vieram despedir-se. De mim. Olho pela janela do avião, momentos antes da descolagem, e vejo, em plena pista, cada um deles. Sim, Oswald de Andrade e Mário de Andrade, discutindo com violência contida. Franz "Kauka" e Nelson Rodrigues, ainda enfermos pela tuberculose, a "morte branca" que acabaria por matar um e salvar o outro, trocando endereços e prometendo livros para breve. O caixa Luis Oliveira Dias, vinte anos, não mais, com a mala pobre com que desceu no porto de Santos, a caminho de São Paulo. E, meu Deus do céu, o que é aquilo? É Mazinho, sim, camisola número 7, que entra na pista em dribles sucessivos. Finta Oswald, finta Mário, finta "Kauka" e Nelson. Mas é Plínio de Arruda Sampaio quem termina com a disputa, carregando forte. Cartão vermelho para Plínio. Inevitável: depois de Parménides e Platão, só mesmo um autor latino para acabar com tudo de uma vez.

Luis Oliveira Dias, o antigo caixa da Livraria Lusitana, hoje no Ornabi, um dos "sebos" do centro. Quem disse que os livros não salvavam ninguém? Conta-lhes, Luis.

Este livro foi composto na tipologia Arrus BT, em
corpo 10,5/15, e impresso em papel off-white 80g/m^2
no Sistema Cameron da Divisão Gráfica
da Distribuidora Record.